產業結構優化的
金融支持研究

郝 倩 ◆ 著

前　言

　　金融是現代經濟的核心，是引導經濟資源配置的重要動力機制。在中國，產業政策在經濟社會發展中具有重要的導向性作用，是中國經濟發展體系的中心，而金融也已成為中國經濟發展與產業結構優化調整與升級的核心支持機制。金融通過支持產業選擇、產業結構合理化和產業結構高級化來支持產業結構的優化調整與升級目標。產業結構優化調整與升級是實現產業結構合理化和高級化的過程，而為實現產業結構合理化和高級化需進行必要的產業選擇。因此，金融支持產業結構優化調整與升級的過程主要包括金融支持產業選擇、產業結構合理化和產業結構高級化的過程。

　　隨著當今國際經濟環境的變化和全球性產業結構調整步伐的加快，國際競爭日益加劇，在新一輪世界產業結構大調整中，中國的經濟發展必須加快結構優化升級。中國的產業結構優化調整與金融支持密不可分，金融支持模式的選擇很大程度上左右著中國產業結構優化調整的步伐。只有通過金融支持推動產業結構調整，才符合中國國民經濟運行的實際情況，才是抓住了問題的關鍵，才能夠最終達到產業結構優化調整的目的。

　　從金融與產業結構的關係來看，高級化資金的運用結構決定了產業結構的變化，而產業結構反應資金分佈狀況。金融也正是通過資金形成、導向機制和信用催化機制，改變資金供給水平和配置結構，推動產業結構高級化。總之，在產業結構調整方面，金融發揮著重要作用，沒有金融資源的參與和支持，也就不會有產業結構的調整與改善。因此，對產業結構調整中金融因素的分析，具有重要的現實意義。本書通過借鑑和參考國內外經濟學家對金融發展與產業結構調整的研究成果，並結合相關的理論知識，運用定性分析與定量分析結合的方法，對中國的金融業發展和產業結構優化之間的關係進行實證研究。在對金融發展和產業結構的變量數據進行平穩性的單位根檢驗的基礎上，通過協整分析，建立向量誤差修正模型，從而考察金融發展與產業結構升級之間存在的

短期波動與長期均衡的關係，並且根據實證結果提出相應的金融支持政策。

由於時間倉促和編者水平有限，書中難免有疏漏和錯誤之處，敬請廣大同仁及讀者不吝批評指正。

編　者

目　錄

第一章　緒論 / 1
　　第一節　國內外研究現狀及評價 / 1
　　第二節　主要研究內容及方法 / 6
　　第三節　可能的創新和存在的不足 / 7

第二章　產業結構理論 / 8
　　第一節　產業結構的相關理論 / 8
　　第二節　產業結構調整的內容 / 11
　　第三節　理論模型與定量測算 / 17

第三章　產業結構調整中金融手段運用的國際比較 / 44
　　第一節　美國的風險投資與新經濟 / 44
　　第二節　日本的政策性金融與產業結構調整 / 50
　　第三節　德國的全能銀行制 / 53

第四章　新型工業化與產業結構調整 / 58
　　第一節　中國的工業化進程及面臨的困難 / 58
　　第二節　新型工業化與產業結構的協整性分析 / 65

第五章　產業結構調整中的金融支持的理論基礎 / 74
　　第一節　金融發展理論 / 74
　　第二節　產業的金融需求與金融供給 / 76
　　第三節　金融發展與經濟增長、產業發展關係的理論 / 78

第四節　產業結構調整中的金融支持機理 / 80

　　第五節　當代金融發展理論與產業結構調整 / 83

　　第五節　系統動力學理論及其應用 / 90

第六章　產業結構調整中金融支持的作用機制 / 93

　　第一節　金融推動產業結構調整的過程 / 93

　　第二節　產業結構升級金融支持的作用機制 / 99

　　第三節　金融支持產業結構優化調整的條件 / 104

　　第四節　金融支持產業結構調整效果的一般性分析 / 105

　　第五節　金融資源的產業範圍選擇 / 107

　　第六節　金融支持產業結構調整的模式 / 109

　　第七節　金融發展與產業結構的合理化和高度化 / 112

第七章　中國產業結構優化的金融支持模式定位與選擇 / 114

　　第一節　中國產業結構及金融體系的演進 / 114

　　第二節　中國產業結構調整中金融支持存在的問題及原因 / 120

　　第三節　構建適合中國國情的金融模式的探討 / 132

　　第四節　中國金融支持產業結構優化效果的實證分析 / 139

第一章　緒論

第一節　國內外研究現狀及評價

目前對於金融支持產業結構升級的研究依然沒有形成完善的理論體系，所以具有代表性的理論研究爲數不多。隨著國內外關於金融支持經濟發展理論研究的進一步發展和深入，儘管愈來愈多的學者將研究目光轉向金融支持產業結構升級，但是經濟學家大多選擇研究金融對經濟的支持作用。考慮到經濟結構尤其是產業結構的變化其實就是經濟發展進步的外在表現，所以衡量經濟發展水平的一個重要指標就是產業結構的優化升級。因此，研究金融支持產業結構升級可以借鑑金融與經濟增長關係的研究成果。

一、國外研究綜述

1912 年，美籍奧地利經濟學家約瑟夫·熊彼特在《經濟發展理論》一書中第一次指出金融與經濟發展具有關聯性。他認爲，創新是經濟發展的實質，而推動創新則需要信用支持，應該積極發揮銀行在籌集資金方面的作用。熊彼特將金融視爲推動經濟長期發展的重要因素，尤其是銀行信用的作用則更爲突出，開創性地提出了產業資本與金融因素相融合的經濟增長理論。

1960 年，美國經濟學家格利和愛德華·肖共同編寫了《金融理論中的貨幣》一書，重點研究了在發展中國家中金融與經濟發展的關係，他們將經濟部門具體劃分爲赤字單位、平衡單位和盈餘單位。以金融與實體經濟關係爲研究角度，認爲金融通過把儲蓄者的儲蓄轉化爲投資者的投資來滿足資金的流動性要求，從而提高全社會的生產性投資水平。

1969 年美國著名經濟學家雷蒙德·戈德史密斯，作爲現代比較金融學的

奠基人，在其著作《金融結構與金融發展》中創立了一整套經濟指標，用以衡量一國金融結構及金融發展的存量和流量，其中以金融相關率（FIR）最爲著名。戈德史密斯以35個國家1860—1963年的數據爲實證基礎進行研究，得出經濟發展和金融發展兩者之間的關係，在大多數國家，如果對近數十年進行考察，就會發現經濟發展與金融發展之間存在大致平行的關係。但是針對經濟發展和金融發展之間的因果關係方面，即究竟是金融推動了經濟的發展，還是金融發展只是由其他因素引起的經濟增長的一種結果，戈德史密斯並沒有給出明確的結論。

1973年，美國經濟學家羅納德・麥金農和愛德華・肖分別出版了影響深遠的著作《經濟發展中的貨幣與資本》和《經濟發展中的金融深化》。他們針對發展中國家的金融發展，分別從金融抑制和金融深化兩個角度，闡述了金融和經濟發展的關係，提出了著名的麥金農和肖模型（簡稱M-S模型）。該模型的主要觀點是：建議通過金融自由化，使實際利率自動趨於均衡水平，通過金融發展與經濟發展的相互促進和相互制約的作用關係，實現經濟的持續快速增長。

金融發展理論在20世紀90年代處於較爲活躍的發展階段。以前人研究爲基礎，博迪和莫頓提出了「金融功能比金融結構更穩定」的觀點，指出任何經濟社會都需要金融體系發揮其基本功能，並具體歸納出金融的六大基本功能：清算和支付功能、融通資金和股權細化功能、資源轉移功能、風險管理功能、信息提供功能以及解決激勵問題功能。在不同國家的不同經濟發展階段，這六大基本功能基本保持不變。

20世紀90年代初，萊文和金的巨大貢獻在於對金融仲介推動經濟增長的實證研究。他們以金融功能爲研究角度，建立了四個金融仲介指標和四個經濟增長指標。萊文和金以80個國家在1960—1989年的統計數據爲基礎，通過實證方法證明了金融仲介規模的擴大與功能的完善不但有助於資本的形成，而且能夠促進全要素生產力的產生和經濟的持續發展。之後，萊文和澤爾瓦斯通過建立六個衡量指標，從股票市場的規模、功能、波動性和國際一體化四個方面逐一考察了金融市場尤其是股票市場對經濟發展的作用。其結果表明，股票市場通過促進要素生產力的發展，進而刺激經濟長期增長，同時證明了股票市場的發展並不一定造成儲蓄率的上升。

托馬斯・赫爾曼、凱文・穆爾多克、約瑟夫・斯蒂格利茨等人在20世紀90年代中期提出了金融約束理論。他們認爲，金融市場失靈的實質在於信息失靈，信息失靈能夠對金融市場交易制度的有效性造成破壞，所以政府必須採

用有法律約束力的權威制度，以此來保障市場制度的有效性。政府對金融部門進行選擇性干預不但不會阻礙金融深化的進程，而且還能夠推動金融發展和拉動經濟增長。

1998年美國芝加哥大學的任格爾斯和萊姜以產業成長和金融發展的關係為研究角度，分別研究了35個不同時期、不同規模、不同行業的企業外部融資情況，發現企業的外部融資存在不同程度的依賴性。根據任格爾斯和萊姜的研究，那些對外部融資依賴程度低的產業部門要比依賴程度高的產業部門的發展速度大約快一個百分點。

同時，一些經濟學家從產業和企業等微觀角度分析了金融發展與經濟發展之間的關係。津加來斯和拉詹（1999）選擇金融發展對企業外部融資成本的影響為研究對象，分析了金融發展對行業成長的推動作用。如果行業發展越依賴外部融資，金融發展就越能對其產生促進作用。如果金融體系足夠發達，那麼對外部融資依賴度高的行業就能夠維持高速成長。金融體系能夠幫助企業來克服逆向選擇和道德風險問題，從而降低企業的外部融資成本。德米爾居奇‧昆特和馬克西莫維奇（1998）以企業為研究對象，分析了金融發展的作用。通過進行迴歸分析顯示：金融的發展可以使企業通過長期外部融資打破內部短期融資對企業資產增長率的限制，從而能夠突破最大可能增長率。此外，伍爾戈爾（2000）使用行業層次數據，以投資變動率為角度分析了金融發展與經濟發展的關係。拉芙（2003）使用企業層次的數據來檢驗金融發展能否放鬆對融資的約束。

二、國內研究綜述

近些年國內關於金融發展方面的研究，大多試圖證明金融發展與經濟增長之間的因果關係，進而提出促進金融支持經濟發展或通過經濟增長推動金融發展的政策措施，而對金融與產業結構之間的關係的研究則缺乏重視。目前中國正處於經濟發展的成長階段，相繼設立了各種經濟區，產業結構不斷加速升級，所以研究金融與產業結構升級之間的相互關係具有較大的現實意義。

劉世錦（1996）指出，推動實體產業經濟的健康發展是金融發展的根本目標。調整金融結構是促進金融發展的重要渠道，能否支持產業結構的調整與升級應該作為衡量金融發展與否的重要指標。

張旭、伍海華（2002）在分析金融在產業結構升級中的作用機制時提出，金融通過資金導向、資金形成、信用催化等途徑來支持產業結構升級；通過加

大技術融資的力度來支持產業結構的現代化；通過對企業治理結構與控制模式的調整來加速企業的集團化進程，進一步推動產業組織的合理化。他們以產業結構升級中的金融模式績效分析為基礎，指出目前中國金融系統的主體是銀行，所以健全的資本市場和有效的貨幣政策是實現產業升級的必要條件。

林毅夫、章奇、劉明興（2003）選用全球製造業在 1980—1992 年的統計數據進行了實證分析。他們認為，在比較複雜的經濟體系中，金融結構如果以銀行信貸市場為主體或者以直接融資為主導，那麼金融結構就能夠促進經濟增長。直接融資和間接融資應該充分發揮各自的優勢作用、更廣泛地開展相互合作，能夠與實體產業相互支持、相互促進的金融結構才是最優的。

王志強和孫剛（2003）通過格蘭杰因果關係檢驗和建立向量誤差修正模型等實證方法，研究了中國經濟增長與金融發展之間的相互關係。其結果證明，中國經濟增長與金融發展之間存在著互為因果、相互影響的關係。金融支持產業結構升級的研究可以借鑑他們的實證分析思想和方法。

範方志、張立軍（2003，2004）選取了 1978—2000 年的統計數據，對中國東、中、西部地區的金融發展與產業結構升級和經濟增長之間的作用機制進行了實證分析，證明了產業結構升級能夠拉動金融結構的轉變。其缺陷是，他們沒有分析區域金融對區域產業結構的變遷能否產生影響，而是僅僅重點實證研究了區域產業結構變遷對區域金融結構的影響。

尹洪霞、尹洪亮（2004）對比分析了中國產業結構與金融發展的現狀，認為中國現有產業結構與金融發展調整戰略存在背離，所以應當優化金融體系特別是銀行系統，通過發揮銀行對資源的配置優勢來促進中國產業結構的升級。

葉耀明和紀翠玲（2004）對長江三角洲城市金融群和產業結構進行了實證分析，研究發現長江三角洲地區第二產業和第三產業所占比例上升，而且第三產業要快於第二產業的增長速度，但是第一產業所占比例下降，造成這一現象的原因在於長江三角洲城市金融群的發展。

傅進（2004）總結分析了江蘇省產業結構升級的歷程及其影響因素，認為金融結構與產業結構變動的相關性具有不斷增強的趨勢，並從金融支持的視角提出了促進產業結構升級的政策建議。

惠曉峰、沈靜（2006）對東北三省產業結構升級和金融發展之間的關係進行了多元迴歸分析。其結果表明，東北三省金融發展對產業結構升級能夠產生一定的支持作用。其中，遼寧省的產業結構已經具有「三、二、一」的發展特點，但是金融發展對吉林省及黑龍江省產業結構升級的促進作用不夠

顯著。

　　毛定祥（2006）通過建立向量誤差修正模型，實證研究了中國金融結構與產業結構、經濟結構之間的相互關係。格蘭杰因果關係檢驗的結果表明，目前中國正逐步向市場經濟過渡，但是中國的金融結構和經濟結構的發展水平並不同步。

　　楊德勇和董左卉子（2007）通過建立迴歸模型檢驗了1994—2005年中國資本市場和產業結構的有關數據，得出隨著資本市場的發展，產業結構不斷優化的結論，以資本市場為角度論證了金融支持產業結構升級的機制。

　　馬智利等（2008）選取1978—2006年的數據，研究了中國產業結構升級與金融發展的關係問題，認為金融市場化及金融相關率的提高可以正向促進非農產業產值比重的提升，金融發展和產業結構升級兩者之間具有長期的均衡關係。

　　梅丹、周松（2008）選擇中國兩百餘個地級以上城市作為研究對象，選用城鄉居民儲蓄額為指標反應金融發展狀況，建立了產業結構比和國內生產總值增長率兩個指標來衡量經濟發展狀況，得出了中國城市金融發展與產業結構升級呈正相關關係，但是與經濟增長呈負相關關係的結論。

　　趙敏（2010）通過將河北省與環渤海地區其他省市相比較，分析了河北省產業結構存在的問題，並提出完善金融體系和促進金融支持產業結構優化的政策建議，包括完善金融環境、增加信貸投入、發展資本市場等方面。

　　焦文慧、王武（2010）以前人的產業結構和金融發展相關性研究為基礎，實證分析了中國東、中、西部地區產業結構與金融結構之間的相關性問題，針對傳統產業的改造升級提出了相應的金融措施。

三、總體評價

　　從國內外的整體研究現狀來看，直接將金融支持與產業結構升級作為研究對象的文獻仍然為數不多，大部分學者都將研究目光集中於金融發展和經濟發展的相互關係方面。目前理論方面的研究主要是簡單地分析了產業結構升級中金融支持的作用，而對於二者之間的作用機制卻沒有進行深入和系統的研究。另外，對於產業結構升級與金融支持的研究主要集中在理論和經驗分析階段，相應的定量分析則較為缺乏，影響了相關研究的說服力。但是這些理論分析仍然對本書的研究具有較高的參考價值。

第二節　主要研究內容及方法

一、研究內容

金融作爲產業結構調整的一個重要影響因素，目前在廣東省產業結構調整中還存在著許多支持不力的問題，要解決資金給產業發展造成的瓶頸問題，就要找出金融支持產業結構調整不力的原因，並從數量上找出金融與產業結構的相關性，確定重點支持和發展的行業，採取相應的措施。

本書首先闡述了產業結構調整的演變，分析了近十年廣東產業結構的基本狀況：①廣東經濟總量居全國第一位，但經濟發展的質量和速度落後於其他發達城市；②處於工業化中前期，第二產業仍然是財富的主要創造者；③人均收入水平和人均消費水平的增長速度落後於經濟發展水平；④大部分城市以電子信息、生物制藥等高技術製造業爲主導產業。在工業經濟時代，高新技術產業起先導作用，大力發展高新技術產業是廣東未來產業結構調整的必然選擇。近幾年，在政府的扶持下，廣東高新技術產業有了很大的發展。而高技術產業以中小企業爲主，整個產業發展仍處於起步階段，需要大量資金運作和金融服務。然後，闡述了廣東金融業發展的歷程，對金融業發展水平和投資狀況進行分析。金融支持產業結構調整過程中存在的問題主要包括：①金融體系發展不平衡；②銀行信貸資金支持不足；③資本市場發展相對滯後；④金融模式僵化造成資本市場不發達。最後，借鑒國內外文獻中的相關指標體系，選取適合的指標構建系統動力學因果關係圖，並對其中的反饋關係進行分析。運用系統動力學的思想和方法，構建產業轉移中金融支持系統動力學模型，並基於廣東省的統計數據，運用 Vensim PLE 軟件對模型進行仿真模擬，就仿真結果的有效性進行分析。在仿真結果分析的基礎上，提出了改善廣東省產業結構調整中金融支持的政策建議。

二、研究方法

通過定性分析，闡釋廣東省產業結構調整的歷程，通過統計分析廣東產業結構現狀和金融業發展水平，並通過實地調研和數據統計得出金融支持存在的問題。在定量分析方面，本書主要依據系統動力學建模思想，構建出產業結構

調整的金融支持仿眞模型。

本書首先分析了產業經濟系統中金融支持的一般途徑以及影響金融支持過程中的主要因素，以此作爲本書研究的基礎。其次，做出了產業內部各影響資金流動因素相互關係的因果關係圖，並運用系統動力學理論做出了系統流程圖。將產業轉移中金融支持分爲四個子系統，在一定的假設條件下，建立了具有實用性的產業轉移中金融支持路徑的仿眞模型，隨後對模型進行了仿眞效果檢驗；設計不同調整方案利用模型運行結果選擇最佳方案。最後提出優化金融支持產業結構調整的方案建議。

第三節　可能的創新和存在的不足

一、可能的創新

（1）以多視角的文獻資料爲基礎，以經濟與金融發展的相互作用作爲理論依據，研究產業結構調整中金融支持作用機理。

（2）基於金融資源對產業結構調整範圍的選擇，強調金融在產業結構調整中的主動性、前瞻性和科學性。

（3）以典型案例分析爲背景，闡述產業結構調整和金融風險的關係。

（4）以貨幣政策執行效果地區的差別性，提出貨幣政策的結構性作用。

二、存在的不足

受資料和時間的限制，本研究還有待進一步完善。由於數據資料收集的影響，本書未能建立產業結構中金融支持的數量分析，未能建立模型分析。

第二章　產業結構理論

第一節　產業結構的相關理論

一、產業結構及其優化

(一) 產業結構的概念

在經濟研究中，產業結構這個概念始用於20世紀40年代。最初，利用這個經濟概念分析經濟問題時，其含義是不規範的，既可用於解釋產業間的關係，也可解釋為產業內部關係以及解釋產業的地區分佈及規律等。後來，隨著產業經濟研究的進展，產業結構的研究領域及其內涵逐步明確起來，主張把產業結構理論、產業組織理論和生產力佈局理論區分開。產業結構是指產業間的關係結構，反應一個國家產業之間的比例關係及其變化趨勢。國際上通用的產業結構概念包括兩個方面的內容：一是各產業之間在生產規模上的比例關係，即產業間的相互協調、平衡發展問題。二是各產業間以投入產出為基本內容的關聯關係，從中可以考察一定的產業結構狀態所帶來的經濟效益。產業間的比例關係反應產業結構量的內容，產業間的關聯關係則反應產業結構質的特點。

(二) 產業結構優化的概念與內涵

產業結構優化是指通過產業調整，使產業實現協調發展，並滿足社會不斷增長的需求的過程。產業結構優化是一個相對的概念，它不是指產業結構水平的絕對高低，而是指在國民經濟效益最優的目標下，根據本國的地理環境、資源條件、經濟發展階段、科學技術水平、人口規模、國際經濟關係等特點，通過對產業結構的調整，使之達到與上述條件相適應的各產業協調發展的狀態。

產業結構優化包括產業結構合理化和產業結構高度化兩個方面。

(1) 產業結構合理化是指產業結構由不合理向合理發展的過程。即要求

在一定的經濟發展階段上，根據消費需求和資源條件，對初始不理想的產業結構進行有關變量的調整，理順結構，使資源在產業間合理配置、有效利用。產業結構是否合理的關鍵在於，產業之間內在的相互作用是否能產生不同於各產業能力之和的整體能力。產業之間的相互作用關係越是協調，結構的整體能力越高，產業結構就越合理；反之，產業之間的相互作用關係不協調，結構的整體能力低，產業結構就不合理。產業結構合理化的實質在於產業間存在著較高的聚合能量。

一國的產業結構關係怎樣才算合理需要根據具體的情況來判斷，但有兩個基本的準則是適用的：一是給定時間內的產出符合市場的需要，不存在明顯的過剩與短缺；二是現有的生產資源能得到比較充分的利用。

（2）產業結構高度化是指產業結構系統從較低級形式向較高級形式的轉化過程。即伴隨著經濟的發展，各個產業的規模並非同時擴大，一些產業相對增長較快，一些產業相對增長較慢，甚至個別產業出現收縮。它要求資源利用水平隨著經濟技術的進步不斷突破原有界限。其標志是代表現代產業技術水平的高效率產業部門不斷增大，經濟系統內部顯示出巨大的持續上升能力。產業結構的高度化主要包括三個方面的內容：①在整個產業結構中由第一產業占優勢比重逐漸向第二產業、第三產業占優勢比重演進的歷史過程；②產業結構中由勞動密集型特別是初級勞動密集型產業占優勢比重，逐漸向資本密集型、技術密集型占優勢比重演進的歷史過程；③產業結構中製造初級產品的產業占優勢比重，逐步向製造中間產品、最終產品產業占優勢比重演進的歷史過程。

產業結構的合理化和高度化有著密切的聯繫。產業結構的合理化為產業結構的高度化提供了基礎，而高度化則推進了產業結構在更高層次上實現合理化。產業結構的合理化首先著眼於經濟發展的近期利益，而產業結構高度化則更多地關注結構成長的未來，著眼於經濟發展的長遠利益。因此，在產業結構優化的全過程中，應把合理化和高度化問題有機結合起來，以產業結構合理化促進產業結構高度化，以產業結構高度化帶動產業結構合理化的調整。只有這樣，才能實現產業結構的優化。

二、產業結構發展水平度量

（一）錢納里工業發展階段

美國著名發展經濟學家錢納里認為，工業化進程是經濟重心由初級產品生產向高級產品生產轉移的過程。他根據多國模型的標準模式把經濟發展進程理

解爲經濟結構的全面轉變，把隨人均收入增長而發生的結構轉變分爲三個階段。

第一階段：初級產品階段。該階段占統治地位的是初級產品的生產活動，主要特徵是農業生產活動。在這個階段，初級產品生產的增長速度慢於製造業，但是製造業不是總產出的主要來源。與這種產業結構相對應，製造業對人口的容納程度極其有限，就業人口的絕大部分積聚在農業部門，農業人口比重在整個人口中占80%以上。

第二階段：工業化階段。該階段經濟活動中心開始由初級產品生產向製造業生產轉換，製造業對生產增長的貢獻明顯擴大，經濟結構進入劇變階段，結構轉變的爆發點是製造業貢獻地位與初級產品貢獻地位轉換關節點。在第二階段的多數時期，農業人口非農化過程不斷擴展，生產率增長對產出增長的貢獻明顯增加，城市人口逐步上升到社會總人口的主導地位。

第三階段：發達經濟階段。該階段經濟活動中心出現了新變化：一方面，工業部門的產值貢獻份額下降，資本增長速度減慢，資本貢獻減少；另一方面，農業部門一改工業化階段所扮演的次要角色形象，既結束了資本和技術對勞動的替代，又改變了農業長期蹣跚增長的局面，成爲勞動生產率增長最快的部門。

（二）霍夫曼比例

在現代經濟增長過程中，產業結構變動總是同該國工業化和工業現代化過程相聯繫。縱然是工業化任務已完成，農業、工業、服務業已相當發展，國民經濟的現代化依然以工業現代化爲基礎並首先完成工業現代化任務，即使是在當今社會已步入知識經濟時代也概莫能外。

霍夫曼比例是國際上常用的考察工業化演進階段的指標，也是工業結構中最爲重要的比例關係之一，通過對它的變動分析能清楚地反應一個國家和地區工業化的演進狀況。霍夫曼比例是消費資料工業與資本資料工業的比值。

根據霍夫曼定理，隨著工業化過程的演進，上述比值是不斷下降的，即消費資料工業的規模將會逐漸低於資本資料工業的規模。見表2-1。

表2-1　　　　　　　　霍夫曼比例階段性指標

階段	霍夫曼比例系數	工業化發展水平
第一階段	5（±1）	消費品工業占主要地位。
第二階段	2.5（±1）	資本品工業快於消費品工業增長，達到消費品工業淨產值的50%左右。

表2-1(續)

階段	霍夫曼比例系數	工業化發展水平
第三階段	1（±0.5）	資本品工業繼續快速增長，並已達到和消費品工業相平衡的狀態。
第四階段	1以下	資本品工業占主要地位，這個階段實現了工業化。

日本經濟學家鹽谷佑一利用產業關聯理論，對霍夫曼工業化經驗法則重新進行了論證。鹽谷佑一採用消費資料和資本資料的產品分類，用總產值代替淨產值進行數量統計，最後得出結論：在較長的歷史時期中，霍夫曼比率穩步下降，資本資料工業比重上升是普遍現象；但工業化水平較高的國家按其最終產品劃分的這兩部門比率是較穩定的，沒按霍夫曼工業化經驗法則發展；從總體上看，消費資料工業和資本資料工業的比率不是繼續下降，而是出現穩定傾向。鹽谷佑一的計算和論證豐富了霍夫曼工業化經驗法則，更接近實際。

第二節　產業結構調整的內容

產業結構對經濟發展具有雙重效應：既可以極大地促進經濟增長，又可能嚴重地阻礙經濟發展。爲發揮產業結構對經濟的促進作用的同時又防止其對經濟的阻礙作用，就必須不斷地優化產業結構。產業結構優化的過程也就是產業結構調整的過程，產業結構調整的總目標就是產業結構優化。

產業結構優化是指各產業協調發展，產業總體發展水平不斷提高的過程。具體來說，產業結構優化是指產業之間的經濟技術聯繫包括數量比例關係由不協調不斷走向協調的合理化過程，是產業結構由低層次向高層次不斷演進的高度化過程。由此可見，產業結構優化即產業結構調整，它主要包括兩個方面的內容：產業結構合理化和產業結構高度化。[1]

高度化和合理化是產業結構調整中相輔相成的兩個方面。合理化是高度化的基礎。沒有合理化，產業結構的高度化就失去了其基本的條件，不但達不到升級的目的，而且有可能發生結構的逆轉。而高度化則是合理化進一步發展的目的，合理化的本身就是爲了使產業結構向更高層次進行轉化，失去了這一目的，合理化就沒有其存在的意義了。[2]

---

[1] 簡新華，許輝. 產業結構調整與擴大內需 [J]. 首都經貿大學學報，2003（1）.
[2] 楊公樸，夏大慰. 產業經濟學教程 [M]. 上海：上海財經大學出版社，2001：64-73.

一、合理化

產業結構合理化是指產業之間的經濟技術聯繫和數量比例關係趨向協調平衡的過程，是各產業按比例協調發展規律的要求。它決定了資源在各種產業之間能否優化配置，不至於造成積壓和浪費。其實質是指各產業之間存在著較高的聚合質量。對合理化程度的判斷，一般可以從以下四個方面進行考察：

（一）與「標準結構」進行比較

庫茲涅茨在研究產業結構的演進規律時，不但使用時間序列的數據對產業結構的演進規律進行了分析，而且還利用橫截面的數據對經濟發展階段與產業結構的關係進行了研究。這種用橫截面的數據研究產業結構的方法，為我們瞭解一國產業結構發展到何等高度提供了比較的依據。利用這種方法，庫茲涅茨提出了經濟發展不同階段的產業「標準結構」。用與庫茲涅茨相似的方法，其他學者也提出過類似的「標準結構」，如錢納里的「產業結構標準模式」「錢納里—塞爾昆模型」等。

所謂「標準結構」是在大量歷史數據的基礎上通過實證分析而得到的，它反應了產業結構演變的一般規律。因此，可以其作為參照系，與某一被判斷的結構進行比較，從而檢驗被判斷的產業結構是否「合理」。但由於各國具體國情的不同，對產業結構的要求也不盡相同。如「大國」和「小國」、工業「先行國」和工業「後發國」對產業結構的要求都有所不同。因此，有的學者認為，以「標準結構」為參照系，「至多只能給我們提供一種判斷產業結構是否合理的粗略線索，而不能成為其判斷的根據」[1]。

（二）是否適應市場需求的變化

在市場經濟條件下，經濟活動的目的是為了滿足市場的需求。產業結構作為一個資源轉換系統，其最基本的要求是它的產出能滿足市場的需求。因此，對市場需求的適應程度，就成為判斷一個產業結構是否合理的標準之一。

市場的需求總是在不斷變化的。而在產業結構中，決定其產出結構的關鍵因素——資產存量結構則有著相當的剛性。所以，產出結構並不能完全和及時地滿足市場的需求，兩者間總有一定的差距。這裡的差距包括總量偏差和結構偏差兩個方面。一般地，當總量存在偏差時，結構偏差也一定存在；反之，當總量平衡時，結構則不一定平衡。因此，結構的平衡是比總量平衡更為深層和

---

[1] 周振華. 產業結構優化論 [M]. 上海：上海人民出版社，1992：103.

重要的問題。

(三) 產業間的比例關係是否協調

結構平衡問題在產業結構上的反應，就是各產業間是否具有一種比較協調的比例關係。因而，產業間的比例關係是否協調，也成爲判斷一個產業結構是否合理的重要標志。

比例協調的產業結構，應當不存在明顯的長線產業和短線產業。因爲無論是存在長線產業還是短線產業，都表明其對市場需求的不適應，也都是對資源的一種浪費。比例協調的產業結構，更不能存在瓶頸產業。瓶頸產業的存在，不但表明其對市場需求的嚴重不符，而且還極大地影響了整個產業結構系統的資源轉換效率和產出能力。

(四) 能否合理和有效地利用資源

產業結構作爲資源轉換器，其功能就是對輸入的各種生產要素按市場的需求轉換爲不同的產出。因此，對資源進行合理、有效的利用，也就成爲判斷一個產業結構是否合理的重要標志。

合理、有效地利用資源，主要包括兩個方面的含義：一是提高資源的使用效率，其中技術進步是其關鍵；二是利用多種渠道，充分利用系統內外的各種資源，其中系統內部的組織創新和對外部環境的利用是重點。

二、高度化

產業結構高度化又稱高級化，是指產業總體發展水平不斷提高的過程，即產業結構由低水平狀態向高水平狀態發展的過程。它決定配置到各產業部門的資源能否有效利用，能否帶來更多更好的產出。

對一國經濟發展到什麼階段，可用人均國民收入或人均國民生產總值等指標來反應。對一國產業結構的高度化程度，用什麼指標進行表示，國際上還沒有通行的方法。在此，僅介紹兩種常用的方法：

(一) 標準結構方法

前面已經介紹了產業標準結構的概念。所謂標準結構方法是指將一國的產業結構與標準結構進行比較，以確定該國經濟發展到哪一個階段以及產業結構的高度化程度。

(二) 相似性系數法

相似性系數法是指以某一參照國的產業結構爲標準，通過相似性系數的計算，將本國的產業結構與參照國產業結構進行比較，以確定本國產業結構高度

的一種方法。

設 A 是被比較的產業結構，B 是參照系，X_{Ai} 和 X_{Bi} 分別是產業 i 在 A 和 B 中的比重，則產業結構 A 和參照系 B 之間的結構相似系數 S_{AB} 爲：

$$S_{AB} = (\sum_{i=1}^{n} X_{Ai} Y_{Bi}) / (\sum_{i=1}^{n} X_{Ai}^2 \sum_{i=1}^{n} X_{Bi}^2)^{\frac{1}{2}}$$

中國學者就曾利用相似性系數，以日本爲參照系，對中國產業結構的高度化進行過估計。結果顯示，中國產業結構中的勞動力結構（1992 年）與日本 1930 年的結構高度相似（相似性系數達到 0.984,6），而產值結構（1989 年）則與日本 1925 年的水平基本相等（相似性系數爲 0.926,8）[①]。

三、產業結構調整的機制

（一）機制的概念

所謂機制，原指機器的構造或動作原理，在生物學和醫學上借用它表示某種生物功能的内在工作方式，包括有關生物結構組成部分的相互作用，以及其間發生的各種變化過程的物理化學性質和相互關係。

在經濟學上，機制一般指某種關係的聯繫方式或發生過程的固有性質及其存在的條件和可變性。在此，我們用產業結構調整機制表示在產業結構調整、變動的過程中，有關因素對之發生作用或影響的方式、性質和邏輯過程，以及這種作用或影響存在的條件和可變性。

（二）產業結構調整的機制分析

產業結構升級的關鍵是要實現高加工度與高附加值導向的產出結構、規模經濟導向的組織結構和高新技術導向的技術結構，其本質是要提高資源配置效率，從高投入、低產出的粗放型增長轉向效益型、質量型的可持續增長軌道。因此，根據資源配置的手段，可以將產業結構調整機制分爲兩種類型：市場競爭機制和行政計劃機制。[②]

1. 市場競爭機制

市場競爭機制是指以市場力量作爲配置資源的手段，通過價格信號反應市場供需的變動，引導資源的合理流向；同時，追求超額利潤的競爭促使各種市場主體不斷進行技術和組織創新，由此推動產業結構不斷向高附加值、高加工度化方向更迭發展，產業組織與技術結構也不斷優化提高。

---

① 劉偉. 工業化進程中的產業結構研究 [M]. 北京：中國人民大學出版社，1995：69-73.
② 張南. 中國產業結構調整的金融機制 [M]. 西安：陝西人民出版社，1998：66.

對於市場競爭機制而言，能發揮作用的假定條件有兩個：①完全競爭，即假定企業數量足夠多，以至於各個企業能自由進出市場，不存在壟斷；②價格靈敏性，即假定價格變動充分靈活，能即時反應資源配置的供需狀況和相對稀缺程度。雖然在現實的市場經濟條件下，這兩個假定不可能完全具備，但有可能在一定程度上近似地滿足。例如：雖然現實中不存在完全競爭的市場，但大多數是壟斷競爭市場；雖然價格不能對供求狀況做出即時反應，但在競爭性的市場上，也能大體反應各種資源的相對稀缺程度。因此，在市場經濟條件下，市場機制在產業結構調整中基本上能正常發揮效用。

　　市場競爭機制調整產業結構的基本過程表現為：隨著收入水平的提高和收入分配格局的改變以及技術的不斷進步，最終需求結構與中間需求結構相繼發生變化；變化了的需求結構破壞了原有的供求格局，使一些產品供過於求，而另一些產品供不應求，從而導致這些產品的價格也發生相應的變動（前一類產品的價格下降，而後一類產品的價格上升）；最初的價格變動只是影響該部門已有企業的生產，但如果價格波動幅度過大，即超過部門間生產資源轉移的臨界點（轉移後收益＝轉移成本＋機會成本），產品價格下降的部門的資源就會轉移到產品價格上漲的部門，直到形成供給結構與需求結構之間新的平衡，然後在新的需求結構拉動下進行下一輪產業結構調整。

2. 行政計劃機制

　　行政計劃機制是指以行政手段配置經濟資源。這是一個自上而下的作用過程：中央的各項計劃指令被層層分解、下達、執行，以此實現預定的有關產出結構、組織結構或技術結構調整發展的計劃，達到資源的優化配置。

　　行政計劃機制有效運作的假定條件是：①完全信息，即假定中央計劃機關必須對全社會的一切經濟活動，包括物質資源和人力資源狀況、技術可能性、需求結構變動等擁有全部信息；②單一主體，即假定社會利益一體化，不存在相互分離的利益主體和不同的價值判斷。若這兩個條件不能具備，計劃的制訂將出現偏差，也無法得到嚴格執行。在現實中，經濟社會的發展瞬息萬變，要把社會各個角落分散的大量信息收集、傳遞到中央計劃機關，經過計算、分析、處理，制訂出一個統一的、各部分銜接的計劃，再將之層層分解、下達到基層執行，顯然是極端低效的，並且也不可能真正得到施行。同時，在高度集中的計劃機制的作用下，經濟決策由代表全體社會成員整體利益的中央計劃機關做出，並通過按層級制原則組織起來的「整個社會」去執行，這就要求社會中一切組織和個體都不折不扣地完成所規定的任務，而沒有自己的任何特殊利益和要求。這顯然與事實不符。實際上，無論是計劃的制訂者還是執行者，

每一個經濟活動的當事人都有其自身的利益，並且這種利益還時常會同社會整體利益發生矛盾。這樣，他們在提供信息、編製計劃和執行計劃的過程中，就難免爲了局部利益而犧牲社會整體利益。由此可見，在通常情況下行政計劃機制不可能具備有效運作的基本條件。

在行政計劃機制下，政府調整產業結構是通過其產業政策實現的。其基本過程表現爲：政府根據現有產業的結構狀況對產業結構的變動進行預測，從經濟發展的總目標出發，通過縱向等級層次向經濟主體（企業）發布調整信號，以調整部門間的供求格局。

通常，政府通過兩類途徑實現調整目標：一類是非價格調控。這是指政府通過國家財政體系的投、融資對資源進行直接配置，或者政府通過計劃審批和法律制約對資源配置進行導向。另一類是價格調控。這是指國家通過定價或限價對價格進行直接干預，或者國家通過稅率、利率、匯率等工具，對價格進行間接干預，以改變各產業間的比較收益和比較成本，從而調節資源流向、協調供給結構與需求結構的偏差。當這些信號發揮了作用，其結果反饋到政府機關時，便開始了新一輪調整。

3. 兩種機制的關係

市場機制要有效運作，並不排斥計劃；相反，爲了克服不完全競爭或信息失真等市場缺陷，往往還很有必要運用一定的行政或法律的干預手段以及計劃指導來加速產業結構調整的進程、減少資源浪費。然而，行政計劃機制的有效運作卻是從本質上排斥市場作用的。因爲市場作用的發揮要求有不同的利益主體和價值判斷，這與計劃機制從根本上排斥不同的價值判斷和抹殺一切經濟組織的個體利益與要求的基本假定前提相抵觸。也正因爲如此，現實的市場經濟體制中往往兼容了計劃的功能與作用；而在傳統計劃體制中，一旦引入市場機制，往往就意味著將加速原有行政計劃體制的瓦解。

綜上所述，在現代經濟中，產業結構的調整機制必須以市場在資源配置中發揮基礎性作用爲原則，同時也要在結構調整的過程中適當地運用行政干預和計劃指導手段。事實上，許多國家包括一些發達的市場經濟國家，都或多或少地運用著一定的行政干預手段，來加速推動產業結構的升級調整進程。例如，美國就以政府採購措施大大刺激和保護了航天工業等新興產業的發展，在推動產業結構向高新技術產業升級轉型的同時，也帶動了原來經濟相對落後的南部與西部地區的經濟振興。關於這一點，許多學者都做過深入的分析論證。如周振華在《產業政策經濟理論系統分析》中指出，產業政策形成的基本邏輯就是爲了彌補市場經濟運行機制的不足，以此更好地實現經濟發展的戰略目標。

因此，產業政策作爲行政干預經濟的手段，必須與經濟運行機制的特點相適應，市場機制越薄弱、越不完善，一般來說行政干預和計劃指導就使用得越多，包括使用手段的數量和干預程度等方面。

第三節　理論模型與定量測算

一、引言

中國過去所採用的以高投入、高消耗、高污染爲典型特徵的傳統經濟增長方式已經難以爲繼，實現經濟增長方式的根本性轉變已經刻不容緩。作爲經濟增長方式轉變的重要途徑，產業結構的優化升級構成了中國當前乃至今後一段時期經濟發展戰略的重點之一。自 20 世紀 90 年代以來，國內理論界對中國的產業結構相關問題展開了大量研究，並形成了很多關於產業結構優化升級的政策建議。

熊映梧和吳國華等（1990）利用「偏離度」的概念分析了中國產業結構的均衡度。他們認爲，勞動力結構與產值結構不對稱性的加劇會導致兩者之間偏離度的提高，第一產業的正向偏離數和第二產業的負向偏離數是導致中國產業偏離度居高不下的主要原因。謝伏瞻等（1990）基於中國戰略產業的選擇標準，依據各產業勞動力和資本的密集使用程度以及各產業對國民經濟整體的關聯影響，提出以農業、電力工業爲主的能源工業，以鋼鐵、鋁、化工原料爲主的原材料工業、交通運輸與通信業等七大產業作爲產業結構調整中的戰略產業。周振華（1991）認爲，提高產業結構的聚合質量是調整不合理產業結構的核心問題，而提高聚合質量的問題最終歸結於結構平衡度的提升。他還從理論上闡述了產業結構平衡的若干關係，包括產業結構的短期平衡和長期平衡、短線平衡和長線平衡、絕對平衡與相對平衡。胡春力（1999）在對中國產業結構調整的方向和原則進行論述的基礎上，認爲中國第三產業內部結構水平低下、發展滯後，第二產業缺乏高加工度產業的帶動作用，產業結構的粗放和低度化使得資源和環境遭到嚴重破壞，並指出中國產業結構調整過程中必須處理好農村工業化、對外開放、製造業結構升級三者之間的關係。

李寶瑜和高豔雲（2005）通過構建產業結構年度變化失衡指數，通過計算產業增加值年度增長率、勞動生產率、資本生產率等指標揭示出中國產業結構的年度不合理比重，並用該方法對中國 1990—2002 年各產業的不合理比重

進行了計算，其結果顯示 2002 年中國產業結構中包含了 3.11% 的不合理比重；鄔義鈞（2006）分別從基本實現工業化和基本實現現代化兩個方面，具體分析產業升級的具體目標和戰略目標，並提出附加價值溢出量、高加工化系數、結構效益指數等評價產業結構優化升級程度的指標。何德旭和姚戰琪（2008）通過分析產業結構調整過程中的各種效應，提出了中國產業結構調整的方向和路徑。他們認為，中國產業結構調整要以高新技術產業為驅動力，並且以現代服務業和製造業為車輪，由此帶動產業結構的整體性升級。Acemoglu, Guerrieri（2008）通過建立一個兩部門模型，從理論層面表明資本累積是產業結構變遷的重要原因。黃茂興和李軍軍（2009）使用 1991—2007 年中國 31 個省、市、區的面板數據，構建了技術選擇、產業結構升級和經濟增長三者之間的模型，實證研究結果表明產業結構升級可以通過選擇合理的資本深化和技術來實現。Juetal（2009）通過一個可追溯的無限期一般均衡模型，從理論角度分析了封閉經濟中最優產業結構的動態變化，分析后認為資本的不斷增長是推動產業結構變化的動力。Che（2010）基於 15 個國家 27 個行業的數據，採用實證方法研究了高資本稟賦同資本密集型行業規模之間的相關關係，最後發現實際和名義產出份額以及資本密集型行業的就業份額均與初始的資本稟賦和資本累積速度之間呈顯著的正相關關係。

我們在對眾多此類文獻進行研究和檢討的基礎上發現，幾乎所有此類研究都難於擺脫以下所述的某種局限性：①探討產業結構內生性問題的模型基本止於理論層面，很難用於實證［比如 Juetal（2009）的理論模型］；②同產業結構相關的實證研究基本止於揭示現實產業結構同其他經濟變量之間的關係；③通過構造統計學指標刻畫產業結構優化程度的研究基本都以某些主觀認識（比如認為服務業和高附加值加工業產出所占比重越高越好等）作為隱含前提。為了克服現有研究成果的上述局限性，我們從生產者和要素供給者的優化動機出發探討各產業最優產出的決定機制，力求開發一個能夠付諸定量測算和應用，且能夠很好地刻畫中國各產業最優增長水平和最優產業結構的理論模型。

二、理論模型的提出

（一）產業和產業結構的含義界定

在經濟研究中，出於不同的研究目的，可以從不同角度對產業進行劃分。比如，可以從產品形態角度將產業劃分為第一產業、第二產業和第三產業

（這種劃分方法被我們稱爲三分法），也可以從技術特點角度將產業劃分爲傳統產業和新型產業，還可以根據生產要素的密集使用程度將產業劃分爲資本密集型產業和勞動密集型產業。上述任何一種劃分方式都被我們稱爲一種產業觀。如果要將這些概念性的產業觀落實到量化層面，則需要對各產業的生產函數進行界定。因爲不同產業被區分的理論基礎就是它們的生產函數不同。生產函數的相異性可以用生產函數中不同參數（每個參數代表著生產函數的一個特徵）的相異性來代表，因而，每一種參數相異性的選取方式都體現著一種產業觀。以下我們要研究的是：以生產函數的哪些參數的相異性作爲劃分不同產業的標準。

我們假設所有產業的生產函數都服從 C-D 形式，即 $Y_i = (A_i L_i)^{a_i} K_i^{1-a_i}$，其中：$Y_i$、$A_i$、$L_i$ 和 K_i 分別表示產業 i 的實際產出、技術進步、勞動力使用量和資本使用量，a_i 表示產業 i 在生產過程中對勞動的密集使用程度（亦稱爲勞動產出彈性），$1-a_i$ 表示產業 i 在生產過程中對資本的密集使用程度（亦稱爲資本產出彈性）。

基於 C-D 生產函數，我們主張按照 α 和 A 的相異性[1]來區分第一產業、第二產業和第三產業。我們如此認爲是基於以下兩個原因：

（1）基於常識可知，第一產業、第二產業和第三產業對勞動與資本的密集使用程度不同；

（2）因爲第一產業、第二產業和第三產業各自所使用的勞動與資本的價格都不相同[2]，同時，它們各自的對外開放程度和產品屬性也不相同（導致了它們各自在國內市場中的價格影響力不同）。另外，它們各自的產品的實際價格也不相同，所以，第一產業、第二產業和第三產業的技術進步貢獻度應該不同。

關於產業結構，我們做出以下界定：基於 α 和 A 的相異性而劃分的第一產業、第二產業和第三產業的產出比重結構。需要說明的是，本書的實證研究所採用的數據卻是基於中國政府所劃分的第一產業、第二產業和第三產業的相關數據。這裡面就隱含了一個假定：中國政府對第一產業、第二產業和第三產業的劃分標準同我們所主張的這三個產業的劃分標準高度一致。在界定了產業和產業結構的含義以後，我們需要對最優產業結構的含義進行界定。因爲，我

---

[1] 實際上，我們還可以用 α 的相異程度作爲區分勞動密集型產業和資本密集型產業的劃分標準，用 A 的相異程度作爲區分傳統產業和新型產業的劃分標準。

[2] 因爲勞動和資本在不同產業的邊際生產力不同，所以它們在不同產業中產生收益的不確定程度（即風險程度）也不相同。

們認爲產業結構的最優性是一個相對的概念，也就是說任何所謂的最優產業結構都是同某一組優化目標相對應的產業結構。如果不事先確定需要實現的最優目標，任何人都無法求解出具有唯一性的所謂的最優產業結構。

(二) 最優產業結構含義的界定

我們認爲，所謂的最優產業結構就是能夠同時實現以下目標的產業結構：

①各個產業在生產過程中都對生產要素進行了充分有效的配置；

②各個產業對生產要素的需求和使用量都達到了利潤最大化目標所要求的最大限度（唯有如此，就業也才會實現最大化）；

③各個產業所選擇的產量都能實現自身利潤的最大化；

④代表性行爲人按照跨期（兩期）效用最大化原則來安排每一種產品的消費和投資（意味著社會不存在過度消費，也不存在過度投資）；

⑤ 每一個產業的產出在被消費和用於再生產之後沒有剩餘 （也就是說，微觀單元的儲蓄總額正好同全社會的投資需求完全匹配）。

在對最優產業結構的含義進行界定之後，我們開始研究並提出一個關於各產業最優產出決定機制的理論模型。繼而，我們將基於各產業最優產出計算中國的最優產業結構。

(三) 最優產業結構理論模型的提出

1. 關於研究路徑的概括性說明

每個產業都被視爲一個獨立決策單元，都按照 C-D 生產函數形式組織生產，所使用的生產要素都被劃分爲兩類資本和勞動，都基於利潤最大化原則對生產要素進行最優需求和配置。基於每個產業對生產要素的最優需求和配置行爲，我們能夠推導出各產業生產要素投入價值與產品銷售收入之間的函數關係（不妨稱爲生產者的收入方程）。在各類生產要素投入中，資本的投入數量取決於代表性行爲人[①]的投資意願；代表性行爲人所樂於供給的投資數量完全取決於其自身跨期（當期和未來兩期）效用最大化動機，至於勞動力的投入數量，則始終能夠保持與資本之間的最優比例（這裡隱含了一個假設：勞動力總是比資本更豐富）。將代表性行爲人關於最優資本供給數量的決定機制融入生產者的收入方程，便可以得到一個同時考慮了生產者利潤最大化動機和投資者效用最大化動機的名義產出方程（我們稱爲最優名義產出方程）。

---

① 代表性行爲人所代表的是中國各產業產品所有消費者和生產要素供給者的選擇行爲特徵，包括國外消費者和國外要素供給者。

2. 生產者的收入方程的推導

假設各個產業的生產過程都滿足上述目標中的①和③。記產業 i 在時點 $t-1$ 投入的勞動力數量和資本數量分別為 $L_{i,t}$ 和 $L_{i,t}$，在時點 $t-1$ 至 t 期間的創新為 $A_{i,t}$，在時點 t 的產出為 $Y_{i,t}$，則有：

$$Y_i = (A_{i,t} L_{i,t})^{a_i} K_{i,t}^{1-a_i} \tag{1}$$

根據目標①，則有：

$$MP_{L_{i,t}} / MP_{K_{i,t}} = P_{L_{i,t}} / P_{K_{i,t}} \tag{2}$$

其中，$MP_{L_{i,t}}$、$MP_{K_{i,t}}$、$P_{L_{i,t}}$ 和 $P_{K_{i,t}}$ 分別表示勞動力的邊際產出、資本的邊際產出、勞動力的價格和資本的價格。

由式（2）和式（1）可得：

$$\frac{\alpha_i}{1-\alpha_i} \frac{K_{i,t}}{L_{i,t}} = \frac{P_{L_{i,t}}}{P_{K_{i,t}}} \tag{3}$$

我們假定產業 i 在時點 t 的銷售收入為：

$$R_{i,t} = Y_{i,t} P_{Y_{i,t}} \tag{4}$$

式中，$R_{i,t}$、$Y_{i,t}$ 和 $P_{Y_{i,t}}$ 分別表示產業 i 在時點 t 的銷售收入、產出和產品價格。

基於式（4），可得邊際收益表達式：

$$MR_{i,t} = P_{Y_{i,t}} + Y_{i,t} P'_{Y_{i,t}} = P_{Y_{i,t}} \left(1 + P'_{Y_{i,t}} \frac{Y_{i,t}}{P_{Y_{i,t}}}\right) = -(1 - N_{i,t}) P_{Y_{i,t}} \tag{5}$$

式中，$MR_{i,t}$ 和 $N_{i,t}$ 分別表示產業 i 在時點 t 的邊際收益和勒納指數（Lerner Index），其中，$N_{i,t} = -P'_{Y_{i,t}} \frac{Y_{i,t}}{P_{Y_{i,t}}}$。勒納指數是價格彈性的絕對值的倒數，其取值範圍應介於 0 和 1 之間。一個企業的勒納指數反應的是該企業的價格影響能力（或壟斷能力）。但這裡的勒納指數是國內產業的勒納指數。該指數大小的決定因素主要有兩個：其一，該產業所提供的產品的屬性（一般而言，奢侈品價格彈性較大，勒納指數較小，必需品則與之相反）。其二，國外廠商的供給在該產業國內總供給中所占的比重。該比重越大，意味著國內產業對國內市場的價格影響能力越弱，從而國內產業的勒納指數也越小，反之反是。

產業 i 為了實現產出 $Y_{i,t}$，需在時點 $t-1$ 投入 $L_{i,t}$ 和 $K_{i,t}$。需要指出的是，在所投入的 $K_{i,t}$ 中，僅有一部分（不妨將其比重設為 $\delta_{i,t}$）是當期購買的，其餘部分為前期餘留下來的。我們假定前期餘留資本無須成本投入。這樣一來，在時點 $t-1$ 所投入的要素總價值可以表示如下：

$$CT_{i,t} = L_{i,t} P_{L_{i,t}} + \delta_{i,t} K_{i,t} P_{i,t} \tag{6}$$

分別對生產函數和成本函數求全微分，得：

$$dY_{i,t} = MP_{L_{i,t}} dL_{i,t} + MP_{K_{i,t}} dK_{i,t} \tag{7}$$

$$dCT_{i,t} = P_{L_{i,t}} dL_{i,t} + \delta_{i,t} P_{K_{i,t}} dK_{i,t} \tag{8}$$

邊際成本（$MCT_{i,t}$）函數如下：

$$\begin{aligned} MCT_{i,t} &= dCT_{i,t}/dE_{t-1}(Y_{i,t}) \\ &= (P_{L_{i,t}} dL_{i,t} + \delta_{i,t-1} P_{K_{i,t}} dK_{i,t}) / (MP_{L_{i,t}} dL_{i,t} + MP_{K_{i,t}} dK_{i,t}) \\ &= \frac{P_{K_{i,t}}}{MP_{K_{i,t}}} \left| 1 + \frac{\delta_{i,t} - 1}{\frac{MP_{L_{i,t}}}{MP_{K_{i,t}}} \frac{dL_{i,t}}{dK_{i,t}} + 1} \right| \\ &= \frac{P_{K_{i,t}}}{MP_{K_{i,t}}} \left(1 + \frac{\delta_{i,t} - 1}{1 + 1} \right) = \frac{P_{K_{i,t}}}{MP_{K_{i,t}}} \frac{(1 + \delta_{i,t})}{2} \end{aligned} \tag{9}$$

根據目標③，可得：

$$\beta_t MR_{i,t} = MCT_{i,t} \tag{10}$$

其中，β_t 爲資本市場在時點 t 的貼現因子。

根據式（10）可得：

$$\frac{P_{K_{i,t}}}{MP_{K_{i,t}}} \frac{(1 + \delta_{i,t})}{2} = \beta_t (1 - N_{i,t}) P_{Y_{i,t}} \tag{11}$$

對式（11）的兩邊取對數並將 MP_K 的表達式代入，可得：

$$\begin{aligned} &\ln P_{K_{i,t}} + \ln\left(\frac{1 + \delta_{i,t}}{2}\right) - \ln(1 - \alpha_i) - \alpha_i \ln A_{i,t} + \alpha_i (\ln K_{i,t} - \ln L_{i,t}) \\ &- \ln \beta_t - \ln P_{Y_{i,t}} - \ln(1 - N_{i,t}) = 0 \end{aligned} \tag{12}$$

對式（3）的兩邊取對數並整理，可得：

$$\ln K_{i,t} - \ln L_{i,t} = \ln P_{L_{i,t}} - \ln P_{K_{i,t}} - \ln \alpha_i + \ln(1 - \alpha_i) \tag{13}$$

將式（13）代入式（12）並整理，可得：

$$\begin{aligned} &(1 - \alpha_i) \ln P_{K_{i,t}} + \alpha_i \ln P_{L_{i,t}} - \ln P_{Y_{i,t}} - (1 - \alpha_i) \ln(1 - \alpha_i) - \alpha_i \ln \alpha_i \\ &- \ln \beta_t - \ln p_{Y_{i,t}} - \ln(1 - N_{i,t}) = 0 \end{aligned} \tag{14}$$

對式（1）的兩邊取對數並整理，可得：

$$\ln Y_{i,t} = \alpha \ln A_{i,t} - \alpha_i (\ln K_{i,t} - \ln L_{i,t}) + \ln K_{i,t} \tag{15}$$

將式（13）和式（14）代入式（15）並整理，可得：

$$\ln(Y_{i,t} P_{Y_{i,t}}) = \ln(P_{K_{i,t}} K_{i,t}) - \ln(1 - \alpha) - \ln \beta - \ln(1 - N_{i,t}) + \ln\left(\frac{1 + \delta_{i,t}}{2}\right) \tag{16}$$

式（16）可變爲：

$$Y_{i,t}P_{Y_{i,t}} = (K_{i,t}P_{K_{i,t}})(1+\delta_{i,t})/[2\beta_t(1-\alpha_t)(1-N_{i,t})] \qquad (17)$$

式（17）就是生產者的收入方程。該方程表明：當生產者對生產要素的需求和配置完全符合利潤最大化原則時，銷售收入是資本投入價值（$K_{i,t}P_{K_{i,t}}$）的函數。

三、中國最優產業結構的定量測算

(一) 基於隨機前沿生產函數估計各產業的勞動產出彈性

1. 指標構建及數據說明

我們按照國家統計局關於三次產業的劃分標準提取各產業的相關數據。第一產業包括農、林、牧、漁業；第二產業包括採礦業、製造業、電力、燃氣及水的生產和供應業以及建築業；第三產業包括交通運輸、倉儲和郵政業、信息傳輸、計算機服務和軟件業，批發和零售業，住宿和餐飲業，金融業、房地產業、租賃和商務服務業，科學研究、技術服務和地質勘查業，水利、環境和公共設施管理業，居民服務和其他服務業，教育、衛生、社會保障和社會福利業，文化體育以及娛樂業。需要說明的是，我們未將公共管理和社會組織包含在第三產業內。

由於我們所採用的生產函數爲兩要素 C-D 生產函數，爲了在參數估計過程中除去「勞動產出彈性與資本產出彈性之和爲 1」的線性約束，我們對資本變量和產出變量均取人均指標。各個產業的名義產出用其增加值代表，分省的各產業增加值數據取自《中經網統計數據庫》。各產業的勞動力數量用平均從業人數代表。分省的各產業年平均從業人數數據取自《新中國六十年統計資料匯編》。將各省各產業增加值除以相應的年平均從業人數就得到了各省各產業年人均名義產出。我們用各省各產業的資本存量代表相應產業的資本投入數量；用各省三次產業的資本存量除以各自的年平均從業人數就得到了各省各產業的人均資本投入數量。

在我們所採用的隨機前沿生產函數中，考慮了技術進步的兩種情況：不具有時間趨勢和具有時間趨勢。生產函數的解釋變量（人均資本的自然對數）的參數估計值就是資本產出彈性估計值，從而勞動產出彈性估計值就等於 1 減去資本產出彈性估計值。

我們在選取技術效率迴歸方程的解釋變量時，考慮了勞動力受教育程度、制度因素以及地理環境因素三個因素。

關於勞動力受教育程度，我們用各省平均每萬人中在校高中、大專和本科

學生人數作爲代理指標。計算各省平均每萬人中在校高中、大專和本科學生人數指標時所需的各省年末總人口及歷年在校高中、大專和本科總人數等數據取自《中經網統計數據庫》。

關於制度因素,我們選擇了四個指標:①實際利用外資占地區生產總值比重。②財政支出額占地區生產總值的比重。③進出口總額(按當年美元對人民幣匯率折算,數據取自《中經網統計數據庫》)占地區生產總值的比重。④產權制度。我們用各地區國有及國有控股工業增加值在各地區工業增加值中所占比重作爲產權制度因素的代理指標。各省實際利用外資、財政支出總額、進出口總額、國有及國有控股工業增加值等數據取自1997—2003年《中國統計年鑒》,各省地區生產總值數據取自《中經網統計數據庫》。在地理環境因素中主要考慮了以下四個指標:人均 GDP、年平均溫度、年平均降水量和年總日照小時數。將人均 GDP 納入其中,因爲在中國各省經濟發展水平同地理位置之間具有高度的相關性。同時,我們還考慮到溫度、降水和日照等變量不僅與各產業生產活動息息相關,而且具有顯著的地區代表性,因而,我們將這三個變量也一併納入地理環境代理指標體系。各省人均 GDP 數據取自《新中國六十年統計資料匯編》,各省年平均溫度、年平均降水量、年總日照小時數等數據取自1997—2003年《中國統計年鑒》。

需要指出的是,受各省區三次產業資本存量數據的限制,歷年《中國統計年鑒》《中經網統計數據庫》《新中國六十年統計資料匯編》所提供的上述指標的時間交集爲1996—2002年。爲提高數據的使用質量,我們採用了面板數據分析方法。關於中國各產業生產函數類型,我們通過檢驗發現:採用隨機前沿生產函數具有顯著必要性(三次產業的 LR 統計量均超過1%的顯著性水平臨界值)。

2. 計量模型

本書採用 Battese, Coelli (1995) 所提出的隨機前沿方法(Stochastic Frontier Approach, SFA)估計各產業的產出勞動彈性(α_1)。本書所採用的 SFA 的具體形式爲:

$$\ln(Y_{it}/L_{it}) = \beta_{0,i} + \beta_{1,i}t + \beta_{1,i}\ln(K_{it}/L_{it}) + V_{it} - U_{it} \qquad (18)$$

式中:Y_{it},L_{it},K_{it}分別代表產業 i 在 t 時期的名義產出、勞動投入和資本投入;$\beta_{0,i}$,$\beta_{1,i}$,$\beta_{2,i}$分別表示截距項、時間趨勢係數(代表技術進步隨時間變化的速度)和人均資本的產出彈性;($V_{it} - U_{it}$)是迴歸方程的隨機擾動項,其中,V_{it}是指經濟系統中的非可控因素(如觀測誤差等)衝擊導致的噪聲誤差,服從對稱的正態分佈 $N(0, \sigma_i^2)$,且獨立於 U_{it} 和 U_{it},代表的是 t 時期第 i

產業的技術非效率效應，服從截尾正態分佈 N^+（M_i, σ_i^2）。需要特別指出的是，我們所要估計的產出勞動彈性估計值 $\hat{a}_i$ 等於 $1-\hat{\beta}_{2,i}$。

M_i 是 M_{it} 的均值，M_{it} 被表述為以下線性迴歸方程：

$$M_{it} = \delta_{0,i} + \delta_{1,i}edu + \delta_{2,i}fdi + \delta_{3,i}cz + \delta_{4,i}trade + \delta_{5,i}property$$
$$+ \delta_{6,i}gdppc + \delta_{7,i}temperature + \delta_{8,i}rain + \delta_{9,i}sun + \eta_{it} \qquad (19)$$

$$\varphi_i = \frac{\sigma_{U_i}^2}{\sigma_{U_i}^2 + \sigma_{V_i}^2}(0 \leq \varphi_i \leq 1) \qquad (20)$$

式中，$\delta_{0,i}$ 為待估計常數項，$\delta_{1,i}$、$\delta_{2,i}$、$\delta_{3,i}$、$\delta_{4,i}$、$\delta_{5,i}$、$\delta_{6,i}$、$\delta_{7,i}$、$\delta_{8,i}$、$\delta_{9,i}$ 分別代表地區 i 的勞動力受教育程度、實際利用外資占 GDP 的比重、財政支出占 GDP 的比重、進出口總額占 GDP 的比重、國有及國有控股工業增加值占工業增加值的比重、人均 GDP、年平均溫度、年平均降水量、年日照總小時數等變量的係數，η_{it} 是隨機誤差項，服從正態分佈 N（0, $\sigma_{\eta i}^2$）。

判斷上述 SFA 模型的設定是否合理的主要標準有以下兩個：其一，技術非效率效應在式（18）的隨機項中所占的比重是否足夠大。當 φ_i 趨近於 0 時，表明實際產出與可能最大產出的差距主要由不可控制因素 V_i 所造成，此時不應該採用隨機前沿生產函數；當 φ_i 趨近於 1 時，表明上述差距主要由隨機變量 U 所造成，這時適宜採用隨機前沿生產函數對產出進行刻畫。其二，各參數估計值是否在統計學意義上顯著以及 LR 值是否大到足夠拒絕原假設（不存在技術非效率效應）。

3. 生產函數的估計

每個產業的生產函數都分別考慮了五種形式：①常數全要素生產率條件下的 C-D 生產函數（模型 1）；②時變全要素生產率條件下的 C-D 生產函數（模型 2）；③常數全要素生產率條件下的隨機前沿生產函數（模型 3）；④包含所有非效率變量的時變全要素生產率條件下的隨機前沿生產函數（模型 4）；⑤僅包含最優非效率變量組合的時變全要素生產率條件下的隨機前沿生產函數（模型 5）。模型 1 和模型 2 採用 OLS 方法估計；模型 3、模型 4、模型 5 則採用三階段最大似然估計方法進行估計，所使用的軟件為 FrontierV4.1。通過對估計結果的仔細評價和比較，我們將每個產業的模型 5 作為估計各產業 a 的最優模型。

第一產業最優模型中的技術非效率解釋變量包括：財政支出占地區生產總值的比重、進出口總額占地區生產總值的比重、國有及國有控股工業增加值占地區生產總值的比重、人均地區生產總值、年平均溫度、年平均降水量。第一

產業全要素生產率的時間趨勢系數估計值為0.028,9，資本的產出彈性為0.057,2。財政支出占地區生產總值的比重、國有及國有控股工業增加值占地區生產總值的比重以及年平均溫度對第一產業的生產效率具有負的影響，進出口總額占地區生產總值的比重、人均地區生產總值、年平均降水量等變量則對第一產業的生產效率具有正的影響。這意味著產權改革進展程度越高、國際貿易越活躍、經濟發展水平越高、降水越充沛的地方，農業的效率水平也越高。

根據表2-1中的模型5的估計結果，可以計算出第一產業的勞動產出彈性：$\alpha_1 = 1 - 0.057,2 = 0.942,8$。

表2-1　　　　　　　　　第一產業生產函數估計結果

	模型1	模型2	模型3	模型4	模型5
生產函數類型	非隨機前沿	非隨機前沿	隨機前沿	隨機前沿	隨機前沿
截距項	-0.674,7***	-0.786,8***	0.050,8	0.084,2***	-0.120,5**
	(-8.277,0)	(-7.062,0)	(1.045,7)	(2.600,2)	(-2.041,4)
時間 (t)		0.023,4		0.037,5***	0.028,9***
		(1.471,0)		(14.348,7)	(3.588,4)
ln(K/L)	0.029,4	0.021,9	-0.020,1	0.082,0***	0.057,2***
	(0.956,3)	(0.704,9)	(-0.917,5)	(3.050,8)	(3.645,7)
技術非效率函數					
截距項			10.103,3***		
			(10.791,1)		
生產函數類型	非隨機前沿		隨機前沿		
勞動力受教育程度 ln(edu)			-0.046,5	0.004,2	
			(-0.717,0)	(0.031,5)	
實際利用外資占地區生產總值的比重 fdi			-3.028,5***	-3.687,3***	
			(-4.359,2)	(-3.533,3)	
財政支出占地區生產總值的比重 cz			0.485,7**	1.860,4***	1.983,1***
			(2.251,2)	(5.507,0)	(7.979,4)
進出口總額占地區生產總值的比重 trade			0.199,6*	-0.505,7***	-2.127,5***
			(1.824,4)	(-2.756,5)	(-15.561,4)
國有及國有控股工業增加值占地區生產總值的比重 property			1.379,3***	3.353,6***	3.456,6***
			(3.437,4)	(5.169,4)	(6.326,4)
人均地區生產總值 ln(gdppc)			-0.651,8***	-0.238,6*	-0.139,8***
			(7.689,2)	(-1.753,5)	(-4.235,4)
年平均溫度 ln(temperature)			0.288,1***	0.812,5***	0.824,3***
			(3.799,0)	(7.980,4)	(7.516,6)

表2-1(續)

	模型1	模型2	模型3	模型4	模型5
年平均降水量 ln(rain)			-0.179,5*** (-4.603,0)	-0.056,8 (-1.073,9)	-0.121,3** (2.389,4)
年日照總小時數 ln(sun)			-0.409,4*** (-5.270,3)	0.074,9 (0.905,0)	
σ^2			0.047,9*** (9.132,6)	0.100,3*** (9.913,5)	0.097,4*** (9.401,2)
φ			0.892,9*** (8.349,8)	1.000,0*** (10,650,616.000)	0.816,4*** (16.903,5)
似然函數對數值			34.575,3	-14.602,0	-11.933,8
LR			349.919,7***	249.381,9***	254.718,5***

　　第二產業最優模型中的技術非效率解釋變量包括：實際利用外資占地區生產總值的比重、國有及國有控股工業增加值占地區生產總值的比重、人均地區生產總值、年日照總小時數。第二產業全要素生產率的時間趨勢系數估計值爲0.074,8，資本的產出彈性爲0.268,6。實際利用外資占地區生產總值的比重、國有及國有控股工業增加值占地區生產總值的比重、人均地區生產總值對第二產業生產效率的影響爲正，而年日照總小時數對第二產業生產效率的影響則爲負。這表明：在工業中保持國有經濟的主體性和主導性作用、引進外資有利於工業生產效率的提高。同時，也意味著經濟發達的南方地區（人均地區生產總值較高，年日照總小時數較少）的工業效率相對較高。

　　根據表2-2中的模型5的估計結果，我們可以計算出第二產業的勞動產出彈性：

$a_2 = 1 - 0.268, 6 = 0.731, 4$。

表2-2　　　　　　　　　　第二產業生產函數估計結果

	模型1	模型2	模型3	模型4	模型5
生產函數類型	非隨機前沿	非隨機前沿		隨機前沿	隨機前沿
截距項	0.827,0*** (17.682,4)	0.515,8*** (10.039,2)	1.578,3*** (31.827,1)	1.216,0*** (17.612,2)	1.220,8*** (25.266,6)
時間 (t)		0.104,7*** (9.434,4)		0.137,2*** (13.131,6)	0.074,8*** (35.135,4)
ln(K/L)	0.268,8*** (6.220,7)	0.151,3*** (3.933,9)	-0.074,9*** (3.230,0)	0.149,1*** (5.030,6)	0.268,6*** (7.482,3)

表2-2(續)

	模型1	模型2	模型3	模型4	模型5
技術非效率函數					
截距項			8.298,9***		
			(11.373,2)		
勞動力受教育程度 ln(edu)				0.019,1	0.542,6***
				(0.317,4)	(8.434,2)
實際利用外資占地區生產總值的比重 fdi			0.323,8	-0.822,4	-2.017,9***
			(0.648,1)	(-1.583,6)	(-3.403,5)
財政支出占地區生產總值的比重 cz			-1.361,3***	0.474,2**	
			(-12.836,5)	(2.342,8)	
進出口總額占地區生產總值的比重 trade			0.168,4**	-0.321,4***	
			(2.358,9)	(-4.613,9)	
國有及國有控股工業增加值占地區生產總值的比重 property			-1.998,8***	-1.246,7***	-2.412,7***
			(-5.904,8)	(-4.487,0)	(-6.696,7)
人均地區生產總值 ln(gdppc)			-0.736,0***	-0.558,9***	-0.327,7***
			(-11.809,7)	(-10.014,2)	(-8.061,2)
年平均溫度 ln(temperature)			-0.106,4*	0.330,3***	
			(-1.676,4)	(6.483,9)	
年平均降水量 ln(rain)			-0.099,1***	-0.038,0	
			(-3.061,3)	(1.321,0)	
年日照總小時數 ln(sun)			0.004,1	0.297,8***	0.528,4***
			(0.064,6)	(6.360,4)	(11.200,7)
σ^2			0.030,6***	0.031,7***	0.064,4***
			(9.276,8)	(10.112,2)	(9.094,4)
φ			0.004,1***	1.000,0***	1.000,0***
			(4.839,9)	(258.112,1)	(27,751,353)
似然函數對數值			72.046,5	70.977,5	4.215,9
LR			323.112,7***	245.505,2***	111.982,0***

　　第三產業技術非效率解釋變量僅包括人均地區生產總值，而且人均地區生產總值對第三產業生產效率的影響為正。這說明，第三產業的效率僅僅與經濟發展水平相關，即經濟越發達的地方，第三產業的效率也越高。另外，從表2-3中的模型5可以看出，第三產業的全要素生產率不具有時變性，同時，資本的產出彈性也相對較大（為0.482,3）。

　　據此我們可以計算出第三產業勞動產出彈性：

$a_3 = 1 - 0.482,3 = 0.517,70$

表 2-3　　　　　　　　　　　第三產業生產函數估計結果

	模型 1	模型 2	模型 3	模型 4	模型 5
生產函數類型	非隨機前沿			隨機前沿	
截距項	0.482,3***	0.286,2***	0.510,5***	1.855,1***	1.311,9***
	(17.499,9)	(5.416,4)	(7.191,1)	(31.155,3)	(35.865,6)
時間 (t)		0.053,2***		0.031,0***	
		(4.290,0)		(4.806,6)	
$\ln(K/L)$	0.426,4***	0.385,5***	0.371,7***	0.068,1***	0.482,3***
	(13.877,6)	(12.411,0)	(18.636,6)	(5.034,6)	(18.302,7)
技術非效率函數					
截距項			0.015,7	9.723,2***	2.531,4***
			(0.016,8)	(24.623,9)	(12.026,2)
勞動力受教育程度 ln(edu)			−0.014,0	0.082,6**	
			(−0.017,8)	(2.133,8)	
實際利用外資占地區生產總值的比重 fdi			−0.007,1	0.548,0*	
			(−0.007,2)	(−1.757,0)	
財政支出占地區生產總值的比重 cz			0.017,9	−0.695,0***	
			(0.021,7)	(−6.520,8)	
進出口總額占地區生產總值的比重 trade			−0.060,2	−0.063,6	
			(−0.074,6)	(−1.418,7)	
國有及國有控股工業增加值占地區生產總值的比重 property			0.002,4	−0.856,2***	
			(0.002,5)	(−6.249,1)	
人均地區生產總值 ln(gdppc)			−0.071,8	−0.787,5***	−0.191,5***
			(−0.119,6)	(−21.317,5)	(−6.984,7)
年平均溫度 ln(temperature)			0.066,3	−0.102,4***	
			(0.069,8)	(−3.078,8)	
年平均降水量 ln(rain)			−0.010,8	0.007,0	
			(0.017,4)	(0.375,1)	
年日照總小時數 ln(sun)			0.060,3	−0.179,7***	
			(0.168,0)	(−5.105,8)	
生產函數類型	非隨機前沿			隨機前沿	
σ^2			0.138,3***	0.011,6***	0.173,3***
			(41.330,0)	(10.375,7)	(13.806,8)
φ			0.000,0	1.000,0***	1.000,0***
			(0.000,6)	(6.976,9)	(106,669)
似然函數對數值			−66.200,3	176.279,0	−60.817,9
LR			39.805,5***	506.861,0***	50.570,3***

(二) 關於產業劃分標準的實證檢驗

本研究在提出理論模型的時候，將 α 和 A 的相異性作爲劃分不同產業的理論標準。由於我們在實證研究中使用的是基於中國統計部門產業劃分標準的相關數據，因而有必要檢驗這些數據是否符合本研究關於產業劃分的理論標準。我們基於上述三次產業生產函數的估計結果，將三次產業的 α 和 A 報告於表 2-4。

表 2-4　　　　　　　　三次產業的 α 和 A 值的比較

α_1	α_2	α_3	A_1	A_2	A_3
0.942,8	0.731,4	0.517,7	$EXP(-0.120,5+0.028,9t)$	$EXP(1.220,8+0.074,8t)$	3.713,2

從表4可以看出，三次產業的 a 和 A 在數量方面均存在明顯差異（由於無法知道每個產業的 a 和 A 的概率分佈，不能對它們各自在產業間的差異性進行統計推斷）。

(三) 估計三次產業的需求價格彈性和勒納指數

根據需求價格彈性的定義，需求價格彈性等於需求數量變動百分比除以價格變動百分比。由於每個產業所生產的產品都具有多樣性，在衡量每個產業的產品數量時，我們以各產業的名義消費額除以價格指數得到各產業的實際消費額（或者不變價格消費額），再以不變價格消費額除以價格指數得到實際消費數量，並以實際消費數量代表需求數量。我們用各產業定基價格指數代表每個產業產品的價格水平。各產業需求價格彈性的計算方法是：用各產業產品實際消費數量的自然對數對價格水平和收入的自然對數進行省際年度面板數據迴歸，則價格水平的迴歸系數就是相應產業產品的需求價格彈性的估計值。

具體而言，我們用年度居民消費價格定基指數作爲第一產業和第三產業產品價格，用年度工業品出廠價格定基指數作爲第二產業產品價格。居民消費價格指數原始數據來源於《中經網統計數據庫》，時間區間爲 1992—2009 年。1992—2008 年的工業品出廠價格指數原始數據來源於《新中國六十年統計資料匯編》，2009 年的工業品出廠價格指數原始數據則來源於《中經網統計數據庫》。由於居民消費價格指數和工業品出廠價格指數的原始數據均爲環比數據，我們將它們換算成了定基指數（1992 年 = 100）。

限於數據的可獲得性，我們用城鎮家庭年人均消費代表名義消費水平，並用城鎮家庭年人均可支配收入作爲收入的代理指標。城鎮家庭年人均消費（分產業）和城鎮家庭年人均可支配收入數據取自《中經網統計數據庫》。其中：第一產業的消費支出包括食品、糧食、肉禽及其製品、蛋、水產品和奶及

奶製品消費支出；第二產業的消費支出包括衣著、服裝、家庭設備用品及服務消費性支出以及耐用消費品消費性支出；第三產業的消費支出包括醫療保健消費性支出、交通和通信、教育文化娛樂服務、居住、住房、雜項商品和服務消費性支出。根據產業類型將各項支出加總得到各產業的名義消費額。利用 Eviews6.0 軟件對 1992—2009 年中國三次產業產品的實際消費數量、價格水平和收入做面板迴歸。經過檢驗（見表 2-5），三次產業均支持固定效應、時變價格系數模型。該模型的形式為：$\ln Q_{i,t}^{j} = \alpha_0 + \alpha_i^j + \beta_{i,t}^j \ln P_{i,t}^j + k_{i,t}^j \ln R_{i,t}^j + \varepsilon_{i,t}^j$。其中：$j$ 表示產業類型，$j=1, 2, 3$；Q，P，R 分別表示實際消費數量、價格水平和收入；α 為截距項；β 為需求價格彈性；k 為需求收入彈性；ε 為隨機項。模型形式選擇檢驗和需求價格彈性的估計結果分別見表 2-5 和表 2-6。

在檢驗各產業消費、收入和價格數據穩定性時，由於考慮到各個省份的消費和收入都具有時間趨勢，不能採用 LLC 和 IPS 檢驗；又由於考慮到數據的時間長度較短（1992—2009），也不能採用 Fisher 類檢驗，因此，我們採用了 Breitung 檢驗方法。

表 2-5　　　　　　　面板數據穩定性和協整檢驗結果

第一產業單位根檢驗結果						
	消費	消費一階差分	價格	價格一階差分	收入	收入一階差分
Breitung t-stat	−1.236,5	−3.085,8	1.337,9	−2.693,1	0.591,9	−4.066,3
P 值	0.108,1	0.001,0	0.909,5	0.003,5	0.723,1	0.000,0

第一產業協整檢驗結果			
ADF	t-Statistic	−8.856,8	P 值　0.000,0

第二產業單位根檢驗結果						
	消費	消費一階差分	價格	價格一階差分	收入	收入一階差分
Breitung t-stat	1.861,9	−2.736,5	2.886,1	−4.455,6	同一產業	
P 值	0.968,7	0.003,1	0.998,0	0.000,0		

第二產業協整檢驗結果			
ADF	t-Statistic	−7.520,1	P 值　0.000,0

第三產業單位根檢驗結果				
	消費	價格	價格一階差分	收入	收入一階差分
Breitung t-stat	−5.797,7	同一產業		同一產業	
P 值	0.000,0				

表2-5(續)

第三產業協整檢驗結果

| ADF | t-Statistic | -9.665, 1 | P 值 | 0.000, 0 |

從表2-5可以看出，第一產業消費、價格和收入都是一階單整過程，但三者之間存在協整關係；第二產業消費和價格均為一階單整過程，且二者與收入（同第一產業）之間存在協整關係；第三產業消費為平穩過程，第三產業消費、價格（同第一產業）和收入（同第一產業）之間存在協整關係。因而，基於三次產業消費、價格和收入數據進行的面板迴歸均不存在「偽迴歸」問題。同時，我們將對面板迴歸模型具體形式的選擇進行甄別檢驗。首先區分混合模型與截距差異模型，其次甄別固定效應模型與隨機效應模型，最後確定同樣本數據相適應的模型形式。各階段的檢驗結果詳見表2-6。

表2-6　　　　　　　　　　模型形式選擇檢驗

原假設	統計量類別	第一產業	第二產業	第三產業
數據支付混合模型	截面 F	5.983, 8(0.000, 0)	36.412, 5(0.000, 0)	23.038, 8(0.000, 0)
	截面 χ^2	172.589, 2(0.000, 0)	637.105, 5(0.000, 0)	477.442, 5(0.000, 0)
數據支持隨機效應模型	Hausman Test χ^2	132.018, 6(0.000, 0)	30.134, 2(0.050, 1)	62.823, 6(0.000, 0)
數據支持固定效應不變系數模型	F	14.85(0.000, 0)	1.56(0.030, 7)	14.35(0.000, 0)

註：括弧內數字為相應統計量的 P 值。

從表2-6可以看出，第一產業和第三產業均在統計學意義上支持固定效應時變系數模型設定。第二產業支持截距項的截面差異和系數時變性，只是拒絕隨機效應假設的伴隨概率略高於0.05。但是，考慮到隨機效應和固定效應條件下價格彈性估計值的差異甚小（見表2-7），我們仍然採用固定效應時變系數模型估計第二產業產品的需求價格彈性。

表2-7　固定效應模型和隨機效應模型條件下價格彈性估計值比較

年份	第一產業估計值比較				第二產業估計值比較				第三產業估計值比較			
	固定效應	隨機效應	差分方差	P 值	固定效應	隨機效應	差分方差	P 值	固定效應	隨機效應	差分方差	P 值
1992	-2.52	-2.19	0.01	0.00	-1.50	-1.48	0.01	0.86	-3.84	-4.05	0.08	0.48
1993	-1.90	-1.85	0.00	0.06	-1.57	-1.57	0.00	0.86	-2.63	-2.66	0.01	0.77
1994	-1.61	-1.63	0.00	0.20	-1.60	-1.60	0.00	0.85	-2.46	-2.45	0.00	0.85
1995	-1.50	-1.54	0.00	0.00	-1.66	-1.66	0.00	0.87	-2.38	-2.36	0.00	0.59

表2-7(續)

年份	第一產業估計值比較				第二產業估計值比較				第三產業估計值比較			
	固定效應	隨機效應	差分方差	P值	固定效應	隨機效應	差分方差	P值	固定效應	隨機效應	差分方差	P值
1996	-1.54	-1.58	0.00	0.00	-1.76	-1.75	0.00	0.84	-2.33	-2.30	0.00	0.50
1997	-1.58	-1.63	0.00	0.00	-1.76	-1.76	0.00	0.85	-2.14	-2.11	0.00	0.43
1998	-1.65	-1.70	0.00	0.00	-1.81	-1.81	0.00	0.84	-2.07	-2.04	0.00	0.41
1999	-1.70	-1.77	0.00	0.00	-1.78	-1.78	0.00	0.84	-2.01	-1.97	0.00	0.38
2000	-1.75	-1.82	0.00	0.00	-1.76	-1.76	0.00	0.83	-1.95	-1.90	0.00	0.35
2001	-1.77	-1.85	0.00	0.00	-1.79	-1.79	0.00	0.83	-1.96	-1.92	0.00	0.32
2002	-1.73	-1.81	0.00	0.00	-1.89	-1.89	0.00	0.83	-1.87	-1.81	0.00	0.29
2003	-1.69	-1.79	0.00	0.00	-1.92	-1.91	0.00	0.83	-1.92	-1.86	0.00	0.26
2004	-1.63	-1.73	0.00	0.00	-1.96	-1.96	0.00	0.83	-1.98	-1.92	0.00	0.24
2005	-1.62	-1.73	0.00	0.00	-1.91	-1.91	0.00	0.83	-2.02	-1.95	0.00	0.22
2006	-1.64	-1.76	0.00	0.00	-1.90	-1.89	0.00	0.83	-2.08	-2.01	0.00	0.20
2007	-1.56	-1.68	0.00	0.00	-1.86	-1.85	0.00	0.83	-2.17	-2.10	0.00	0.19
2008	-1.47	-1.60	0.00	0.00	-1.86	-1.85	0.00	0.83	-2.26	-2.18	0.00	0.18
2009	-1.47	-1.60	0.00	0.00	-1.80	-1.80	0.00	0.83	-2.25	-2.17	0.00	0.17

　　基於固定效應時變系數模型，我們對三次產業產品的需求價格彈性進行了估計，估計結果見表2-8。從表2-8可以看出，三次產業每個年度的需求價格彈性估計值均非常顯著。第一產業產品需求價格彈性最小，基本體現了生活必需品的產品屬性和中國農業對外開放程度較低的產業特徵。第三產業產品需求價格彈性最大，主要原因在於其產品多爲非必需品且較容易被替代。各產業產品的需求價格彈性呈現出了不同的變化趨勢，其中第一產業的需求價格彈性大致呈現出單一下降趨勢，第二產業的需求價格彈性則表現出先升後降（以2004年爲分界點），第三產業需求價格彈性的變化趨勢則正好與第二產業相反，即2004年以前基本處於下降趨勢，2004年以後又呈現出逐年增加的態勢。關於第二產業和第三產業產品需求價格彈性的變化趨勢，我們分析認爲有以下原因：2004年以前，隨著中國對外開放程度的提高，中國各個類別的工業品都遇到了越來越多的國外替代品，從而導致了中國第二產業產品需求價格彈性的連續上升；2004年以後，中國工業品和進口工業品在經過競爭之後逐漸形成了進口工業品滿足高檔消費需求、本土工業品滿足中低檔消費需求的分類格局，也就是使得本土工業品更多的具有必需品的性質，從而表現出了較低的需求價格彈性。第三產業在2004年以前所提供的服務種類非常有限，主要限於生活基本需要，而且中國對境外服務業（尤其是金融業）的開放程度也不高，

這就使得2004年以前第三產業產品價格彈性普遍較低,甚至隨著居民收入的增加,第三產業產品價格彈性還會降低;在2004年以後伴隨著WTO效應的不斷顯現和國際服務業的不斷進入,中國第三產業產品種類不斷豐富,而且屬於奢侈品範疇的服務產品所占比重不斷加大,不僅如此,中國服務產品所面對的國外替代品也越來越多,這些因素綜合起來共同導致了中國第三產業產品價格彈性在2004年以後逐年上漲。

表2-8　　　　　　　三次產業產品需求價格彈性估計結果

年份	第一產業	P值	第二產業	P值	第三產業	P值
1992	-2.517,0	0.000,0	-1.497,9	0.002,4	-3.843,1	0.000,0
1993	-1.898,5	0.000,0	-1.574,5	0.000,0	-2.632,2	0.000,0
1994	-1.610,2	0.000,0	-1.604,6	0.000,0	-2.458,1	0.000,0
1995	-1.499,0	0.000,0	-1.658,4	0.000,0	-2.381,1	0.000,0
1996	-1.537,8	0.000,0	-1.757,3	0.000,0	-2.326,7	0.000,0
1997	-1.584,8	0.000,0	-1.761,4	0.000,0	-2.141,0	0.000,0
1998	-1.646,3	0.000,0	-1.813,3	0.000,0	-2.071,9	0.000,0
1999	-1.703,34	0.000,0	-1.784,3	0.000,0	-2.011,7	0.000,0
2000	-1.748,0	0.000,0	-1.764,4	0.000,0	-1.945,9	0.000,0
2001	-1.771,1	0.000,0	-1.792,8	0.000,0	-1.962,4	0.000,0
2002	-1.726,0	0.000,0	-1.891,0	0.000,0	-1.865,2	0.000,0
2003	-1.694,6	0.000,0	-1.915,9	0.000,0	-1.918,9	0.000,0
2004	-1.627,4	0.000,0	-1.963,5	0.000,0	-1.983,0	0.000,0
2005	-1.616,6	0.000,0	-1.912,1	0.000,0	-2.019,6	0.000,0
2006	-1.640,4	0.000,0	-1.897,9	0.000,0	-2.077,7	0.000,0
2007	-1.556,3	0.000,0	-1.855,3	0.000,0	-2.170,4	0.000,0
2008	-1.471,5	0.000,0	-1.855,1	0.000,0	-2.256,0	0.000,0
2009	-1.471,5	0.000,0	-1.801,0	0.000,0	-2.253,3	0.000,0

(四) 主觀效用貼現因子和風險規避系數的廣義矩(UMM)估計

在估計不同產業名義產出增長率的時候應該採用不同的主觀效用貼現因子(λ_i)和風險規避系數(γ_i)。但是,由於無法獲得具有充分長度的分產業消費數據(我們只能夠從《中經網統計數據庫》獲得具有足夠長度的可以代表消費的社會商品零售總額月度數據),我們只能將社會商品零售總額增長率作為三次產業產品消費增長率的共同代表。這種做法隱含著一個假定:主觀效用貼

現因子和風險規避係數在產業間沒有差異。關於這個假定對最優名義增長率計算結果的影響，我們進行了模擬（結果見表 2-9）。在模擬的時候，我們採用了對名義產出增長率計算結果影響最大的變化組合（亦即 λ 和 γ 同時同方向變動）。從表 2-9 中的模擬結果來看，λ 和 γ 的同降、同增對最優名義產出增長率的影響非常小（當二者同降 20% 時，最大影響程度不過 1.7%）。

表 2-9　λ 和 γ 變動對名義產出增長率估算結果的影響（模擬）

第一產業最優增長率變化幅度(%)				第二產業最優增長率變化幅度(%)				第三產業最優增長率變化幅度(%)			
同降 10%	同降 20%	同增 10%	同增 20%	同降 10%	同降 20%	同增 10%	同增 20%	同降 10%	同降 20%	同增 10%	同增 20%
-0.27	-0.65	0.21	0.36	-0.72	-1.70	0.54	0.95	-0.46	-1.09	0.35	0.61
-0.27	-0.65	0.21	0.37	-0.59	-1.38	0.44	0.79	-0.53	-1.24	0.40	0.71
-0.28	-0.66	0.40	0.40	-0.43	-0.99	0.33	0.60	-0.41	-0.94	0.32	0.57
-0.28	-0.64	0.22	0.39	-0.34	-0.78	0.26	0.48	-0.33	-0.76	0.26	0.47
-0.30	-0.69	0.23	0.42	-0.33	-0.77	0.26	0.47	-0.35	-0.81	0.28	0.50
-0.32	-0.74	0.25	0.45	-0.37	-0.86	0.29	0.52	-0.42	-0.96	0.33	0.58
-0.44	-1.02	0.33	0.59	-0.51	-1.19	0.39	0.69	-0.61	-1.42	0.46	0.82
-0.39	-0.91	0.30	0.53	-0.49	-1.14	0.37	0.67	-0.60	-1.39	0.46	0.82
-0.37	-0.86	0.28	0.50	-0.49	-1.15	0.37	0.67	-0.62	-1.46	0.48	0.85
-0.40	-0.94	0.30	0.54	-0.52	-1.23	0.40	0.71	-0.66	-1.56	0.50	0.90
-0.42	-0.98	0.32	0.56	-0.50	-1.17	0.38	0.67	-0.70	-1.64	0.53	0.94
-0.42	-1.00	0.32	0.57	-0.49	-1.17	0.37	0.66	-0.70	-1.64	0.53	0.93
-0.45	-1.07	0.34	0.59	-0.49	-1.16	0.36	0.64	-0.69	-1.64	0.52	0.92
-0.46	-1.10	0.34	0.61	-0.51	-1.20	0.38	0.66	-0.69	-1.63	0.51	0.90
-0.45	-1.06	0.34	0.60	-0.49	-1.18	0.38	0.66	-0.65	-1.53	0.49	0.87
-0.50	-1.19	0.37	0.66	-0.53	-1.25	0.39	0.68	-0.64	-1.52	0.48	0.84
-0.54	-1.28	0.40	0.71	-0.52	-1.22	0.39	0.68	-0.62	-1.46	0.46	0.81
-0.57	-1.33	0.43	0.76	-0.54	-1.26	0.41	0.71	-0.59	-1.38	0.45	0.79

註：表中「同降」「同增」均指 λ 和 γ 的同降、同增。

我們選擇社會商品零售總額作爲消費的代理指標，並選擇一年期定期存款利率（來源於《中經網產業數據庫》）、上證指數收益率（來源於金融 RESSET 數據庫）以及深證綜指收益率（來源於金融 RESSET 數據庫）三個收益序列作爲工具變量。爲了盡可能增加數據的樣本長度，我們採用了各個數據在 1991 年 1 月—2011 年 3 月的月度樣本。在進行 UMM 估計時，我們所使用的矩條件如下：

$$E\left(\lambda\left(\frac{C_t}{C_{t-1}}\right)^{-\gamma}(1+i)-1\right)=0$$

$$E\left(\lambda\left(\frac{C_t}{C_{t-1}}\right)^{-\gamma}(1+r_{sh})-1\right)=0$$

$$E\left(\lambda\left(\frac{C_t}{C_{t-1}}\right)^{-\gamma}(1+r_{sz})-1\right)=0$$

其中，C表示消費（用社會商品零售總額代表），i表示一年期定期存款利率，r_{sh}和r_{sz}分別表示上證指數收益率和深證綜指收益率，λ（主觀效用貼現因子）和γ（風險規避係數）爲待估計參數。參數估計結果見表2-10。

表2-10 主觀效用貼現因子和風險規避係數的廣義矩（GMM）估計結果

	估計值	t值
主觀效用貼現因子（λ）	0.543,9	2.261,9
風險規避係數（γ）	14.945,7	3.039,1
J統計量=0.000,3	樣本量=243	矩條件數=3

需要補充說明的是，基於上述主觀效用貼現因子和風險規避係數以及月度消費數據所計算出來的貝塔爲月度貝塔，我們取每個年度內各月度貝塔的平均值作爲該年度貝塔值的代理指標。

（五）三次產業最優產業結構的計算

我們基於上式的測算中國三次產業的最優增長率和最優產業結構（各產業名義產出比重）。在進行此項測算的過程中，主要涉及各產業資本增長率、各產業勞動產出彈性（α）、各產業勒納指數（價格彈性的倒數的絕對值，在本書中記爲N）、隨機貼現因子（β）、主觀效用貼現因子（λ）、風險規避係數（γ）等數據。各產業勞動產出彈性由生產函數估計得出，各產業勒納指數由各產業產品需求價格彈性計算得出，工業品出廠價格指數數據取自《中國統計年鑒（2010年）》，主觀效用貼現因子（λ）和風險規避係數（γ）的估計結果詳見表2-10，隨機貼現因子（β）則用消費數據並按照上式計算得出。其中，消費=社會商品零售總額/居民消費價格指數（定基）。由於各產業資本存量數據［取自徐現祥等（2007）］僅截至2002年，在計算各產業資本增長率時，我們採用了趨勢外推法。具體而言，我們根據以下自迴歸方程來推算2003年以後的資本存量。將第一產業、第二產業、第三產業第t期資本存量分別記爲$K_{1,t}$，$K_{2,t}$，$K_{3,t}$，第$t-1$期資本存量分別記爲$K_{1,t-1}$，$K_{2,t-1}$，$K_{3,t-1}$，各產業所使用的自迴歸方程分別描述如下：

第一產業迴歸方程爲：$K_{1,t} = -114.42 + 1.11K_{1,t-1}$
$\quad\quad\quad\quad\quad(-6.73)\ (128.64)\ \bar{R}^2 = 0.998,3$

第二產業迴歸方程爲：$K_{2,t} = 1.10K_{2,t-1}$
$\quad\quad\quad\quad\quad(204.70)\ \bar{R}^2 = 0.998,3$

第三產業迴歸方程爲：$K_{3,t} = 1.15K_{3,t-1}$
$\quad\quad\quad\quad\quad(224.46)\ \bar{R}^2 = 0.999,0$

由於採用以上方法得到的資本存量均以當年價格計算，故需用資本品價格指數進行調整。由於資本品價格指數在中國尚未列入統計指標體系，我們採用工業品出廠價格指數作爲該指標的代表。由於能夠獲得的用於計算勒納指數的分省分產業消費數據最晚截至2009年，所以我們只能對2009年以前的各產業最優名義產出增長率進行測算。在對各產業最優名義產出增長率進行測算的基礎上，我們對各產業最優名義產出增長率同實際產出增長率之間的差異進行了對比，對比的結果見表2-11。

表2-11　三次產業名義產出增長率與最優名義產出增長率比較

年份	第一產業 實際增長率（％）	第一產業 最優增長率（％）	第二產業 實際增長率（％）	第二產業 最優增長率（％）	第三產業 實際增長率（％）	第三產業 最優增長率（％）
1992	9.17	-13.35	28.54	96.48	24.95	5.31
1993	15.57	-24.69	38.04	36.57	29.36	0.20
1994	35.05	-50.44	31.34	-36.51	32.64	-49.23
1995	28.14	-60.61	24.19	-58.16	29.91	-64.63
1996	15.83	-55.83	16.53	-56.78	20.65	-60.63
1997	5.74	-48.41	12.57	-47.96	16.79	-49.30
1998	2.35	7.32	7.46	8.86	12.07	13.96
1999	-1.51	-11.29	6.46	-3.67	11.35	2.20
2000	1.59	-14.69	12.48	-1.49	15.01	7.29
2001	4.61	6.18	9.27	21.63	13.34	32.74
2002	4.51	9.86	11.19	14.42	13.24	38.55
2003	5.91	22.34	20.14	23.35	13.62	49.26
2004	21.73	47.52	23.39	37.14	16.51	66.32
2005	10.24	57.40	21.46	48.31	16.34	71.22
2006	7.55	31.52	19.32	27.15	16.45	40.84
2007	15.45	66.40	19.62	51.03	19.92	56.96
2008	18.14	74.55	20.63	42.76	16.44	45.17
2009	4.40	52.82	7.80	26.65	18.63	20.41

需要特別說明的是，在表 2-11 中最優增長率同實際增長率一樣，也是以上年度名義產出實際值為基數的，因為在計算最優增長率時各解釋變量（資本增長率、勒納指數和資本市場隨機貼現因子）均只能取實際值（而非理論值）。同時，以上年度名義產出實際值為基數計算最優增長率的做法還保證了最優增長率和實際增長率之間的可比性。通過表 2-11 可以發現最優增長率波動水平普遍較大。我們認為主要原因在於：隨機貼現因子（β）的波動性和各產業產品需求價格彈性的波動性都較大。其中，前者較大是因為中國資產價格（主要是股票價格）的波動率較大，後者較大表明中國各產業開放程度和各產業產品屬性都發生了較大變化。中國資產價格波動水平較高以及各產業開放程度和各產業產品屬性變化較大的基本國情決定了中國各產業最優增長率的高波動性。

從表 2-11 和圖 2-1、圖 2-2、圖 2-3 可以看出：各個產業實際增長率與最優增長率之間大致保持著同向變動關係，但是二者之間仍然在不同時間存在不同程度的差距；中國的實際產業結構同最優產業結構之間也大致保持著同向變動關係，同樣也在不同時間存在不同程度的差距。三次產業最優增長率都大致呈現了以下趨勢：1992—1997 年增速逐步放緩甚至在 1994—1997 年一度出現負增長；1998 年在 1997 年的基礎上出現了一定程度的恢復性增長，但在 1999 年和 2000 年第一產業和第二產業迅速轉入下降通道（只有第三產業出現輕微上漲）；三次產業在 2001—2005 年均出現了穩步增長；三次產業增速均在 2006 年出現大幅降低並在 2007 年出現大幅提升；2008 年和 2009 年三次產業的增速均有所下降。各個產業實際增長率同最優增長率之差的變動趨勢清楚地反應了中國經濟發展的環境和現實。比如，1992—1997 年實際增長率總是快於

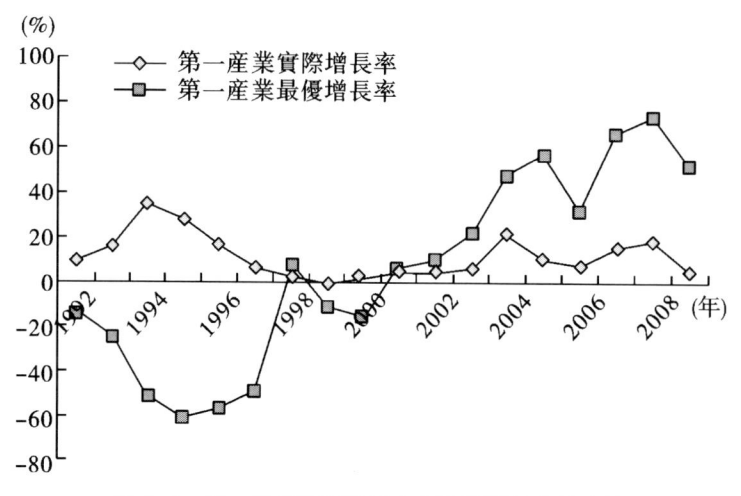

圖 2-1　第一產業實際增長率與最優增長率的比較

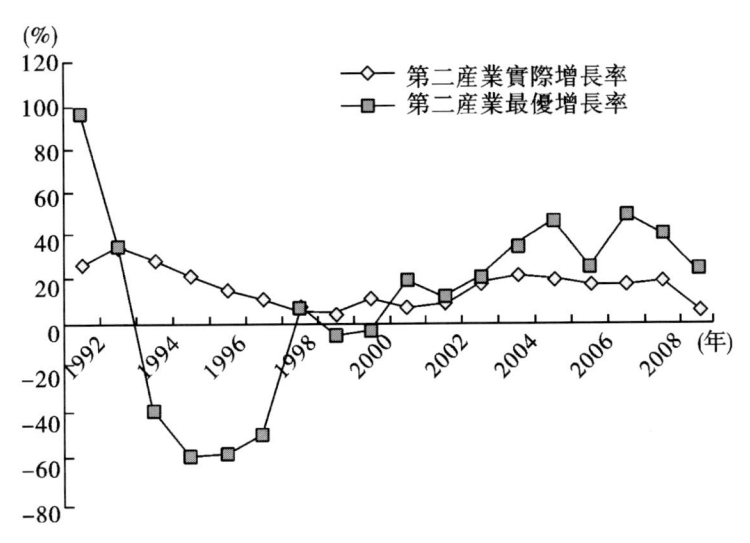

圖 2-2　第二產業實際增長率與最優增長率的比較

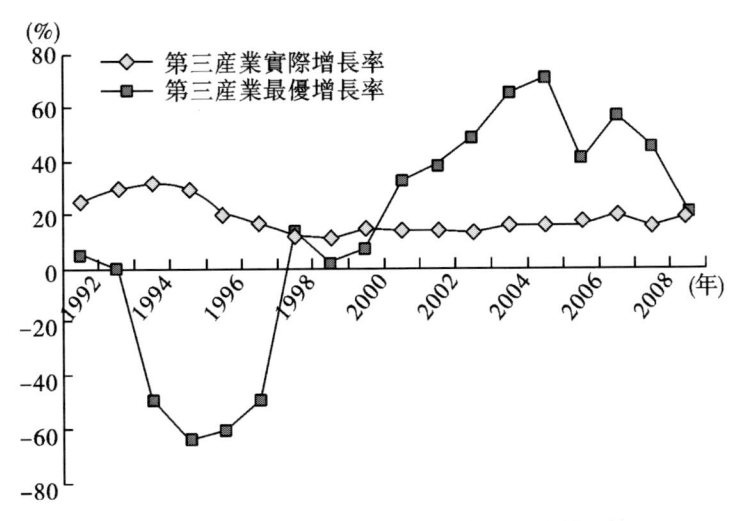

圖 2-3　第三產業實際增長率與最優增長率的比較

最優增長率，這清楚地表明中國經濟在當時持續過熱；1998 年各產業的實際增長率均達不到最優增長率的要求，這表明中國經濟受到了亞洲金融危機的負面影響；1999 年和 2000 年實際增長率超過最優增長率，表明中國政府為了對反抗亞洲金融危機所採取的擴張性政策發揮了效果，使得經濟處於稍稍過熱的狀態；2001 年以後實際增長率一直無法達到最優增長率的要求，尤其是在2003 年以後三次產業實際增長率同最優增長率之間一直保持著很大的差距，

這反應了 2008 年汶川大地震和全球金融危機等接連發生的重大事件對中國經濟所產生的全面而嚴重的衝擊。從我們測算的結果來看，中國政府自 2009 年開始施行的積極的財政政策並未在 2009 年產生出推動經濟大幅增長的效果。

由於我們的最優產出增長率理論模型是一個只涉及當期（代表現在）和下期（代表未來）的兩期模型。該模型要解決的核心問題是：當期產出水平既定時，若要實現消費者兩期總效用的最大化，應當將當期實際產出的多少份額用於下期生產，從而實現多少下期最優產出？亦即，我們的目標是要計算基於當期實際產出的下期最優產出。因此，我們在計算表 2-11 的最優名義產出增長率時，我們是將下期最優產出同當期實際產出之間的比率減 1 定義為下期的最優增長率，這樣我們總是基於當期實際產出計算下期最優產出，因此我們計算出來的下期最優產出是只與當期實際產出和下期的最優增長率有關。下期最優產出的具體計算公式為：下期最優產出＝當期實際產出×（1＋下期最優增長率）。根據以上說明，我們計算了各期三次產業最優結構，並與實際結構進行了比較（見表 2-12）。

表 2-12　　　　　　　三次產業實際結構與最優結構比較

年份	第一產業比重 實際(%)	第一產業比重 最優(%)	第二產業比重 實際(%)	第二產業比重 最優(%)	第三產業比重 實際(%)	第三產業比重 最優(%)
1992	22.44	15.68	44.33	59.66	33.23	24.66
1993	19.93	15.26	47.03	54.67	33.03	30.06
1994	20.32	17.48	46.62	52.84	33.07	29.68
1995	20.52	20.41	45.63	49.75	33.86	29.84
1996	20.18	21.52	45.14	46.83	34.68	31.65
1997	18.94	20.22	45.11	45.63	35.95	34.15
1998	17.92	18.41	44.82	44.48	37.26	37.11
1999	16.52	16.37	44.65	44.44	38.83	39.19
2000	15.03	14.13	44.98	44.10	39.99	41.77
2001	14.27	12.90	44.60	44.21	41.13	42.89
2002	13.42	12.67	44.65	41.26	41.93	46.07
2003	12.31	12.25	46.44	41.07	41.25	46.68
2004	12.45	12.07	47.61	42.33	39.93	45.60
2005	11.63	12.36	49.00	44.53	39.37	43.11
2006	10.71	11.50	50.05	46.83	39.24	41.67
2007	10.36	11.49	50.19	48.77	39.45	39.74

表2-12(續)

年份	第一產業比重		第二產業比重		第三產業比重	
	實際(%)	最優(%)	實際(%)	最優(%)	實際(%)	最優(%)
2008	10.31	12.30	51.00	48.74	38.69	38.95
2009	9.64	12.41	49.25	50.89	41.11	36.70

　　從表2-12和圖2-4、圖2-5、圖2-6可以看出，第一產業實際比重在2004年以前高於最優比重，在2005年以後持續處於最優比重水平以下，這在一定程度上暴露了中國所面臨的糧食安全問題；第二產業實際比重在1997年以前達不到最優比重水平，在1998—2008年逐步超過最優比重，但在2009年又突然降到最優比重水平以下；第三產業實際比重先是在1998年以前高於最優比重，然後在1999—2008年低於最優比重，最後在2009年再次超過最優比重。三次產業實際比重與最優比重的歷年對比關係清晰地刻畫出轉型期中國三次產業結構的變動軌跡：中國生產要素稟賦特徵使得第一產業在2004年以前以粗放式的勞動力充足獲得高於最優比重的發展，隨著大批農民工進城務工，

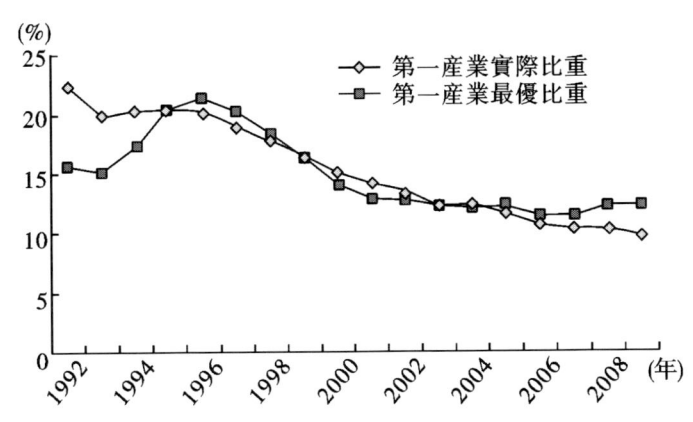

圖2-4　第一產業實際比重與第一產業最優比重的比較

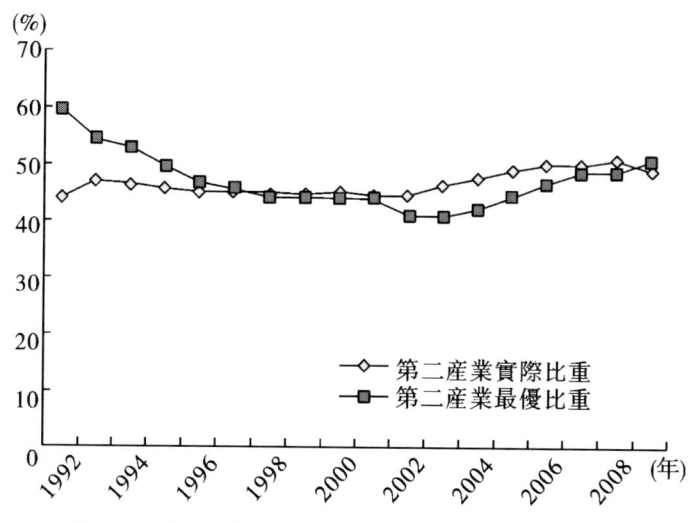

圖 2-5　第二產業實際比重與第二產業最優比重的比較

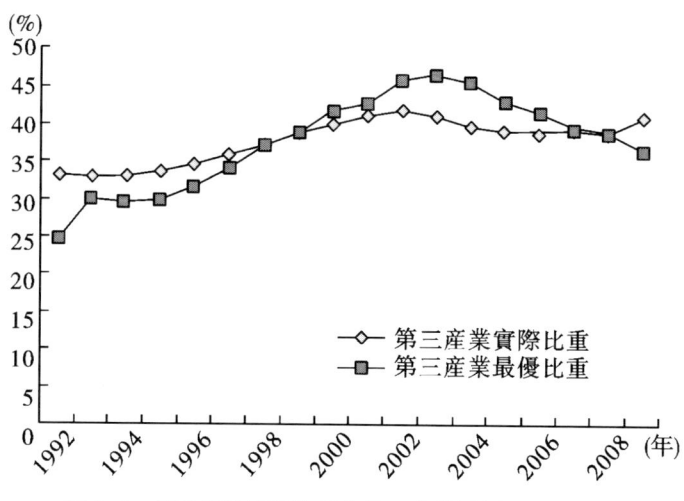

圖 2-6　第三產業實際比重與第三產業最優比重的比較

第一產業實際比重在 2005 年以後降為低於最優比重，與此對應的是第二產業在 1998—2008 年實際比重逐步接近並超過最優比重的長足發展（亦即工業化進程加速），但由於受到 2008 年全球金融危機的嚴重影響，第一產業和第二產業實際比重均低於最優比重，第三產業實際比重高於最優比重（原因是中國政府在應對全球金融危機時採取了擴大內需、刺激消費的經濟政策，使得第三產業獲得了較為強勁的需求動力）。

通過對生產者的利潤最大化目標和要素供給者的跨期效用最大化目標進行

聯合求解，推導出了一個關於各個產業最優名義產出增長率的方程。該方程的解釋變量包括各產業資本增長率、勒納指數（即產品需求價格彈性絕對值的倒數）和資本市場隨機貼現因子。另外，該方程還包含了三個待估計參數：各產業勞動產出彈性以及消費者的主觀效用貼現因子和風險規避系數。我們首先基於1992—2009年三次產業消費、價格和收入的省際面板數據估計了中國三次產業產品的需求價格彈性（以收入作爲控制變量）；然後基於1996—2002年人均資本、人均產出等投入產出變量和受教育程度、制度、地理環境等技術非效率解釋變量的省際面板數據，用隨機前沿分析方法估計了三次產業的勞動產出彈性；隨後基於社會商品零售總額、滬深股指、一年期定期存款利率等數據，採用UMM方法估計了中國全社會的主觀效用貼現因子和風險規避系數，並據此計算了中國資本市場隨機貼現因子。最后，我們基於產業層面的最優名義產出增長率方程對中國在1992—2009年三次產業最優名義產出增長率和最優產業結構進行了測算。測算結果顯示，各個產業實際增長率與最優增長率之間大致保持著同向變動關係，但是二者之間仍然在不同時期存在不同程度的差距；中國的實際產業結構同最優產業結構之間也大致保持著同向變動關係，同樣也在不同時期存在不同程度的差距。三次產業實際增長率同最優增長率之間差距的變化趨勢能夠清楚地反應出始於1992年的中國經濟過熱、始於1997年下半年的亞洲金融危機、始於2003年的「非典」以及始於2008年的全球金融危機等重大事件對中國經濟的影響。

除了測算出中國三次產業最優名義產出增長率和最優產業結構，我們通過本研究還發現了一些值得深入探討的問題。比如，基於上式可以發現，技術進步的動力既包括廠商的價格控制能力（$N_{i,t}$），也包括要素價格增長率與產品價格增長率之間的差，還包括資本增長率。我們認爲，這一發現可能帶來創新理論的新進展。

除此之外我們還發現，對於第一產業而言，無論是資本（K，億元）與勞動力（L，萬人）之間，還是資本增長率 [$\ln(K)$] 與勞動力增長率 [$\ln(L)$] 之間均存在（統計學意義上）顯著的常數比例關係。我們基於面板數據混合模型迴歸發現，前者的比例關係爲 $K = 0.076, 1L$，後者的比率關係爲 $\ln(K) = 0.622, 5\ln(L)$。這就意味著，中國第一產業的技術裝備率（K/L）在樣本期（1996—2002年）內沒有發生顯著改變，其中的原因值得我們進一步研究。

我們認爲，以最優產業結構爲基準的產業結構偏離度的衡量和產業結構偏離所造成的效率損失評價也是值得深入研究的重大問題。

第三章　產業結構調整中金融手段運用的國際比較

近年來，人們對發達國家的金融體系進行了大量的研究，以期爲後發國家的金融改革和金融體系設計提供借鑑。從世界範圍來看，可以把不同國家的金融體系粗略地分爲兩類，即銀行導向型金融體系和資本市場導向型金融體系。前者以德國、法國和日本爲代表，其企業的外部資金主要來源於銀行的貸款；後者以美國和英國爲代表，其企業的外部籌資以資本市場（股票市場和債券市場）爲主。

20 世紀 80 年代及以前，美國企業關注短期利益甚於長期利益，導致經濟增長緩慢。20 世紀 90 年代開始，伴隨著美國經濟的長期繁榮和日本經濟泡沫破滅後長期的經濟蕭條，大量的文獻又轉而認爲資本市場導向的金融體系更利於產業結構的調整和經濟的發展。事實上，不同國家的金融體系的形成有其歷史、經濟、政治及社會傳統根源，不同的金融體系在公司治理、風險分擔、資源配置以及經濟發展中的作用等功能方面各有優劣。這可從美國、日本、德國的金融體系對產業結構調整的作用過程中得到說明。[1]

第一節　美國的風險投資與新經濟

美國的金融體系屬於資本市場主導型，資本市場發達，機構投資者在金融總資產中所占份額大，銀行和非金融企業之間的關係不密切。因此，美國企業

---

[1] 劉宗華. 銀行導向型和市場導向型金融體系的比較分析 [J]. 雲南財貿學院學報，2003 (2).

融資結構最突出的特徵是直接融資占主導地位，而銀行貸款所占比例逐年下降。①美國自1991年進入二戰後最長的一次經濟增長，與以往不同，這次經濟增長的主要特徵是低通脹、低失業和高增長。1994年以來，美國經濟保持著4%左右的增長速度，失業率下降至4%（此數據低於自然失業率），通貨膨脹率穩步走低。到2000年11月，美國經濟已持續增長117個月，大大超過20世紀60年代創造的106個月的二戰後最長經濟增長紀錄。二戰後日本和西歐經濟的重新崛起，曾使美國在世界經濟中的地位下降，特別是20世紀80年代「衰落論」一度彌漫整個美國。但也正是從20世紀80年代開始，美國政府通過放鬆對經濟的管制來刺激競爭和創新。美國的產業進行了大規模的結構調整，在發展高新技術產業方面一馬當先，從而使美國經濟進入了持續穩定增長的新時期。1996年12月30日出版的美國《商業周刊》首次提出，美國已進入「新經濟」時代。

一、新經濟的形成及特點

美國的經濟被冠之以「新經濟」主要是因為美國經濟的基本層面發生了根本的變化，主要體現在三個方面②：

（1）知識成為美國經濟增長的主要動力。「新經濟」是以知識為基礎的經濟，是知識作為主導性要素發揮作用的經濟。

（2）20世紀90年代以來，美國政府及企業大力加強對高新技術研究與開發的投入，其經濟進入以技術革新為先導的良性增長機制。

（3）美國形成了一種新的產業結構，即信息業居於主導地位的產業結構。20世紀90年代以來，信息技術產業逐漸成為推動美國國民經濟增長的主要產業部門。首先，1995—1998年，信息產業在其國民經濟增長中的貢獻率達到33%，成為頭號支柱產業。其次，在美國信息技術領域，核心產業就業人數為380萬，加上相關產業和其他經濟部門中的程序員、網路技術員，總就業人數達到910萬，而傳統產業如汽車、飛機、船舶、鐵路、航天等製造業加在一起的就業人數不過152萬。1999年，互聯網產業為美國經濟增加了5,070億美元的產值、230萬個就業機會，並且以6%的年增長率遞增。③

---

① 李木祥，鐘子明，瑪宗茂. 中國金融結構與經濟發展 [M]. 北京：中國金融出版社，2004：48.
② 李天棟，尹於舜. 金融市場制度創新：美國新經濟的一種解說 [J]. 世界經濟文匯，2001（2）.
③ 郭關，黃美龍. 美國經濟的增長機制及趨勢 [J]. 世界經濟研究，1999（6）.

美國新經濟得以形成的原因很多，譬如信息革命、高新技術的迅猛發展、經濟的全球一體化、企業的改革與重組、政府的有效調控以及美國的政治體制等都發揮了積極的作用。值得注意的是，歐美等許多國家也具備這些要素，但只有在美國，新經濟才蓬勃發展起來。這說明，美國擁有其他國家所沒有的優勢，美國不斷創新的金融市場即是美國獨有的優勢之一。英國前首相撒切爾夫人認爲，歐洲的高科技產業落後美國十年，並不是由於歐洲在高科技方面落後，而是歐洲在金融市場的有效性上落後美國十年。在以高新技術創新爲主要特徵的新經濟中，資本市場的制度創新發揮了不可替代的作用。諾斯認爲，「有效率的經濟組織是經濟增長的關鍵」，而「有效率的組織需要在制度上做出安排和確立所有權以便造成一種刺激，將個人的經濟努力變成私人收益率接近社會收益率的活動」①。風險投資獨有的制度安排提高了私人收益率，刺激了創新活動的商業化，在美國由傳統經濟向新經濟轉型的產業調整過程中發揮了重要作用。

二、風險投資：推動風險企業成長的制度創新

根據美國「全美風險投資協會」的定義，風險投資是由職業金融家投入到新興的、迅速發展的、具有巨大競爭潛力的企業中的一種權益資本。從投資行爲的角度來講，風險投資是把資本投向蘊藏著失敗風險的高新技術及其產品的研究開發領域，旨在促使高新技術成果盡快商品化、產業化，以取得高資本收益的一種投資過程。從運作方式來看，風險投資是指由專業化人才管理下的投資仲介向特別具有潛能的高新技術企業投入風險資本的過程，也是協調風險投資家、技術專家、投資者的關係，利益共享，風險共擔的一種投資方式。

風險投資的對象多爲處於創業期的中小型企業，而且多爲高新技術企業，投資期限至少3~5年，投資方式一般爲股權投資，通常不要求控股權，也不需要任何擔保或抵押。風險投資人大多數積極參與被投資企業的經營管理，提供增值服務。除了種子期融資外，風險投資人一般還對被投資企業以後各發展階段的融資需求予以滿足，而當被投資企業增值後，風險投資人會通過上市、收購兼併或其他股權轉讓方式撤出資本，以實現增值。可以說，風險投資是金融市場上的一種制度創新，是解決高新技術企業對資本的需求與資本供給之間

---

① 道格拉斯·諾斯，羅伯特·托馬斯. 西方世界的興起 [M]. 厲以平，蔡磊，譯. 北京：華夏出版社，1988：1-2.

矛盾的新的制度安排。風險投資承擔高風險，參與股權的分配，得到相應的高收益；具有發展潛力和盈利能力的高新技術企業得到風險投資的注入，縮短資本累積的過程，搶占高新技術領域的制高點，爲高新技術產業超常規發展創造有利的條件。

因此，風險投資不僅增加了創新的商業化機會，而且降低了創新商業化的成本，推動創新層出不窮。這與風險投資本身的特性有關。

（1）風險投資是投資於未來的融資方式。爲獲取高額利潤，風險投資將注意力放在具有高成長性的風險企業商業化階段的高新技術企業上，爲它們的高成長提供資本支持。風險投資並非不注重投資的安全性，但它更看重創新的可行性、發展前景和增長潛力，這正是風險企業所需要的。風險投資的介入解決了風險企業資本不足的難題，消除了風險企業面臨的資本瓶頸，從而拓寬了高科技企業的成長空間，推動了高科技產業加速形成和美國新經濟蓬勃發展。

（2）風險投資是股權性投資。這既是投資方式也是企業成長模式的一項深刻變革。與銀行貸款等傳統的融資方式不同，風險投資並不以收回本金和利息爲目標，而是希望企業通過在二板市場上上市或股份回購等產權交易的方式收回投資，退出風險企業。這樣，風險企業免於承擔還本付息的重擔，降低了融資成本，從而可以「輕裝上陣」，以更快的速度發展壯大。

由於是股權投資，風險投資作爲風險企業的大股東，有權利參與高新技術企業的經營管理以及企業發展戰略的制定。高新技術企業的創始人往往只是在技術方面有專長，對企業管理、經營以及戰略規劃可能知之不多，所以大多數企業在初創階段往往管理混亂，沒有明確的發展戰略。爲保障投資安全，風險資本會力促風險企業聘請管理專家或者職業經理，對企業進行正規化管理，以便改善企業的經營管理。爲此，甚至公司的創始人也會被解聘。有關的統計資料表明，企業創立的時間越長，創始人留在企業的可能性越小。例如，硅谷100家高新技術企業，一位非企業創立者在企業頭20個月被任命爲首席執行官（CEO）的可能性約爲10%，40個月後可能性上升爲40%，80個月後則超過80%。[1] 因此，風險投資的介入優化了企業的管理和經營，使初創的高新技術企業迅速規範化，避免了因管理混亂而產生的損失和風險，擺脫了「夫妻店」式和小作坊式的低水平經營，其發展的後勁增強，超常規發展有了堅實的基礎，眾多風險企業的快速成長使美國高新技術產業迅速形成。

（3）風險投資獨特的退出渠道保障了投資的高收益，提高了投資的安全

---

[1] 青木昌彥. 硅谷模式的信息與治理結構 [J]. 經濟社會體制比較，2000（1）.

性，提高了風險投資介入高新技術創新的積極性，從而推動了創新的商業化進程。雖然風險投資本質上是一種融資方式，但它主要通過產權交易的方式收回投資，退出風險企業。潛在的高收益是風險資本願意介入創新企業的直接原因，而風險資本在退出方式方面的創新卻是其願意承擔高風險的前提。一般而言，風險投資退出渠道包括股票上市、購並、創業者回購以及股權交易等方式。首次公開上市（Initial Public Offering，IPO）是風險資本退出的首選，其收益率非常誘人（見表3-1），以股份轉讓的方式退出的風險資本的收益率較低，一般只有IPO的20%。

表 3-1　　　　　　　　　創業資本投資回報　　　　　　　　單位:%

階段	IPO方式	第一年	第二年	第三年	第四年
第一期	22.5	42.1	40.8	39.2	61.7
第二期	10.0	13.9	20.2	21.6	38.3
第三期	3.7	5.4	5.0	6.3	13.5

高新技術企業產品的成長性是決定風險企業能否在二板市場上市，從而成為決定風險投資能否通過IPO或股份轉讓收回投資的決定性因素。為盡早收回投資、獲取高回報，風險投資必須關注風險企業的成長性，努力推動創新的進一步發展，客觀上加速了技術進步和科技成果向高科技產品的轉化。在美國，高科技產品的生命週期不斷縮短。根據美國「進步政策研究所」的一項研究報告，1990年美國公司推出一項新產品需要35.5個月，而到1995年則只需23個月。風險投資雖然不是導致產品更新週期縮短的唯一因素，但無疑是最主要的因素之一。

（4）風險投資企業組織形式的創新刺激了風險投資業的發展，間接推動了高新技術創新的商業化。開始從事風險投資的是小企業投資公司，但是由於它們受資金來源、風險投資家的報酬及《1940年投資公司法》的限制，發展空間不大。而真正使美國的風險投資業得到蓬勃發展的是私人風險投資公司（一般為合夥企業或合夥公司）。

合夥企業的最大優勢在於，它解決了風險投資家的報酬問題，以及突破了《1940年投資公司法》對小企業投資公司的限制。根據《1940年投資公司法》的規定，公開上市的風險投資企業的經理人員不得接受股票選擇權或其他形式的以企業經營業績為基礎的報酬。相比之下，合夥企業的報酬機制靈活得多，而且允許經理的報酬與其經營業績掛鈎，因此大大激勵了投資人的投資熱情。風險投資企業組織形式的創新使風險投資家的私人收益率與社會收益率大大接

近，激勵他們積極進行風險投資活動。而這種活躍的風險投資活動不僅推動了高科技創新的商業化，而且促進了高科技產業迅速發展。

風險投資並不是創新的原動力。在風險投資誕生之前，創新活動同樣很活躍。沒有風險投資，新經濟得以形成的技術創新同樣會出現。但是，如果沒有風險投資，美國的新經濟絕不會在如此短的時間內形成規模。風險投資是使高新科技創新最有效、最快捷地實現商業化從而產業化的融資方式。風險投資在以下兩個方面發揮了重要作用：首先，風險投資使創新快速地商業化，從而縮短了從研發到商業化的週期；其次，風險投資推動高新技術企業的發展，使高科技創新活動迅速產業化。風險投資介入高新技術企業使資本體現新技術，改善了資本要素的效率，使資本在產業結構調整及經濟增長中發揮更大的作用。

沒有風險資本，就不會有美國今天的經濟局面。據統計，二戰以來，美國95%的科技發明和創新與小型新興企業有關。毋庸置疑，風險投資在其中發揮了重要作用。英特爾因得到著名的風險資本家阿瑟·羅克的投資才得以創辦成功，微軟、雅虎、亞馬遜、蘋果等也因為風險資本的介入而得以快速發展。到1995年，美國主要的風險投資公司達到500多家，對30,000家風險企業進行投資。美國風險投資的60%~70%集中於知識技術密集度較高的產業，如信息、計算機和通信產業、生物工程等。這種投資結構提高了整個產業體系的質量，推動了美國新經濟的迅速形成。

三、新經濟——美國經濟增長的助推器

顯著的經濟增長往往伴隨著新的產業結構的出現而出現，對於這種現象的探討歷來是經濟學家的興趣所在。創新、規模經濟、教育、資本累積往往被看成主要原因。道格拉斯·諾斯不同意這種看法。他認為，有效率的經濟組織以及保護所有權的制度創新才是經濟增長的主要原因。諾斯指出，除去人均生產要素的實際數量的增長可能導致經濟增長之外，「一種或幾種生產要素的效率的增長也可能引起經濟增長。這種生產率的增長可通過規模經濟的實現而出現，因為生產要素質量改進了（勞動力受到良好教育、資本體現新技術），不確定性和信息成本造成的市場缺陷減少了，或者由於組織的變革使市場的不完善得以消除。」① 風險投資彌補了傳統的銀行貸款和資本市場的不足，不但使資本的利用效率提高，還使資本內含的技術量增加，使其體現新技術。正是由

---

① 道格拉斯·諾斯，羅伯特·托馬斯. 西方世界的興起 [J]. 厲以平，蔡磊，譯. 北京：華夏出版社，1999.

於通過風險投資的融資獲得成長的企業大多是高新技術企業，可以說這種增長模式導致的增長無疑是集約型增長。

美國對高新技術的巨額投入以及由此產生的技術創新是新經濟的技術基礎，如果沒有這些技術創新，新經濟就失去了技術支撐。但是，如果沒有金融市場上的制度創新，由於技術創新及商業化的高額成本，科技創新就難以快速、有效地轉化爲現實生產力，難以如此快地形成如此規模的新經濟。從這個角度上說，風險投資是推動美國產業結構調整及新經濟形成的主要助推器。

第二節　日本的政策性金融與產業結構調整

日本是一個後發的、趕超的、政府主導型的發達市場經濟國家。在世界各國中，日本的政策性金融可以說是歷史最爲悠久、體系最爲配套、實力最爲雄厚、地位最爲顯赫、作用不可替代的，也是金融資本的擴張本性最爲突出鮮明的。伴隨日本近現代的經濟與社會發展進程，其政策性金融不斷發展壯大、完善與優化。

一、經濟騰飛的保障

二戰後的日本，在滿目瘡痍、資源極度貧乏的狀態下實現了經濟騰飛，成爲世界上第二大經濟強國，其政策性金融功不可沒。

從 20 世紀 50 年代到 60 年代末，政策性金融對日本工業體系的形成和壯大起了重大作用。爲配合政府的政策意圖，這一時期的日本金融政策有兩個特點：一是實行了低利率政策，降低企業融資成本，促進企業進行設備投資；二是工業發展優先政策。無論是政策性金融機構還是民間商業金融機構都優先對工業企業放款，極力向工業部門傾斜。

20 世紀 70 年代以後，日本的政府部門取代企業成爲資金的最大需求方。日本政府通過發行大規模的國債和建設債券，把獲得的大量資金用於公共事業項目的投資。此時日本的政策性金融轉變了工業發展的傾向，把提高國民生活質量作爲社會經濟發展的主要目標。在這一時期，其住宅金融公庫獲得的融資比例迅速提高，在 20 世紀 80 年代已上升到 15%，其他諸如住宅公團、日本道

路公團等財投機構獲得財投資金的比例也上升到了 25%。①

1997 年亞洲金融危機發生後，日本的政策投資銀行在實際上承擔了金融安全網的重任。在經歷了金融危機後，日本的商業銀行資金流轉困難，商業貸款大幅度削減，產生「惜貸」現象。此時，政策性銀行積極扶持、選擇有增長潛力和發展前景的企業放款。1998 年，日本的政策性銀行用於恢復經濟的貸款占其當年貸款總額的 42%。同年，《日本開發銀行法》進行了修訂，規定日本開發銀行臨時增加對流動資金貸款的業務。這一舉措使得日本開發銀行既可以解決企業對於流動資金的需求，也緩解了商業銀行的經營矛盾，維護了國家的金融和經濟安全。日本政策性銀行在金融危機中的表現，凸顯了政策性金融在經濟發展中的不可替代性。

二、改革關頭

制度沒有優劣之分，只有適合與否之說。在日本當時的社會經濟狀況下，借助於政策性金融調整產業結構、促進經濟增長具有非常重要的意義，即使時至今日，這一制度仍在繼續發揮著重要作用。但隨著日本政府主導型經濟模式在自由化和國際化浪潮中日益被自由市場經濟的模式取代，日本的政策性金融制度也走到了改革的關頭。其原因如下：

（1）政策性金融體制產生的社會經濟條件已經不復存在了，主要表現為：二是 20 世紀七八十年代以後，隨著日本經濟步入低速增長時代，企業對資金的需求減少，同時民間金融機構提供資金的成本也開始下降，導致大量的政策性金融資金閒置，占比高達 10%。如何運用這批巨額資金已成為一大問題。二是目前全球經濟正朝向國際化方向發展，自由化經濟體制成為主流，政府也應成為一個平等參與的市場主體。同時，作為其政策手段之一的政策性金融制度也面臨著如何更好地適應新形勢、新變化的問題。

（2）政策性金融制度對民間金融機構產生了消極的影響。日本的政策性金融機構憑藉其優勢，大舉擴張其投資範圍，已有擠出民間金融機構投資的跡象。另外，日本政策性金融資金的來源主要是郵政儲蓄。郵政儲蓄在政府信用的支撐下，以其低成本優勢發展了一定的規模，對商業銀行的個人存款業務產生了嚴重的影響。加之政策性金融制度產生了龐大而低效的行政機構，使得其

---

① 孫芳，黃建紅. 日本政策性金融研究及對中國的借鑑 [J]. 福建金融管理幹部學院學報，2002（3）.

政策性金融體制變革的壓力日益加大。

三、體制特徵

（1）歷史悠久、體系完善配套、實力雄厚、功能巨大。追溯世界經濟發展史，在歐美發達國家中，法國的政策性金融具有歷史悠久、體系完善配套和作用巨大的特徵；但在東方國家，在近現代則可以說日本的政策性金融是最為突出的，其體系比法國更為完善配套，其在經濟與社會發展總體中的作用和地位則在全世界各國中都是最為顯著的。

（2）日本的政策性金融是其金融體系超前發展戰略和政府主導型市場經濟體制的支柱與主要體現者。日本之所以能在19世紀中葉起步，並快速躋身於資本主義強國之林，主要得益於其優先發展銀行業、利用國家信用起動形成近代銀行資本的母體、發行公債、充分利用「貨幣的第一推動力」的先導作用；除此之外，還更充分地表現在其強大的、配套的、由政府直接控制的、堅決貫徹國家意志與政府意圖的、針對特定領域貫徹特定目標的、發揮特定作用的政策性金融體系。例如，專司國內落後地區經濟與社會發展的地區性開發金融公庫，專司基礎設施、支柱戰略產業長期投資的開發銀行和政策投資銀行，專司「三農」發展穩定的農、林、漁業金融公庫和專司確保國家資源安全與經濟安全職能的國際銀行等，都是該國經濟發展強而有力的支柱、工具與手段。[1]

日本也是一個東方的中央集權的政府主導型經濟體制國家，在企業、銀行和政府「鐵三角」架構中，政府居絕對主導地位。此外，從金融角度講，實力雄厚、作用巨大的政策性金融體系是日本發展經濟、穩定社會的最強大有效的支柱，政府憑藉其強大的財政投、融資資金實力，能說到做到、有力有效、毫不含糊。相比之下，中國也是政府主導型市場經濟國家，但卻是對市場金融的過度干預與對政策性金融的關注與投入嚴重不足同時並存的。政策性金融發展的嚴重不足，導致中國金融發展中商業性金融與政策性金融和中國經濟宏觀調控體系嚴重的結構性失衡與矛盾。

（3）政策性金融是日本實現資源配置社會合理性目標的主要資源配置主體。經濟學的永恆主題是稀缺資源的優化配置問題。資源配置的主體包括宏觀主體（政府）與微觀主體（企業與個人），資源配置的目標是實現經濟有效性與社會合理性。但資源配置的宏觀主體更為關注社會合理性目標，而資源配置

---

[1] 白欽先，耿立新. 日本近150年來政策性金融的發展演變與特徵［J］. 日本研究，2005（3）.

的微觀主體更爲關注經濟有效性目標，從而導致二者的錯位與失衡。正因爲如此，才有政府金融、政策性金融的產生與發展。因此，與商業性金融相比，政策性金融在許多領域對資源的配置更爲直接、更爲有力，從而更爲有效。日本正是以此實現其資源配置主體與目標的協調均衡，從而促進該國經濟與社會的協調發展和穩定。

（4）獨具特色的財政投、融資體制成爲日本政策性金融雄厚資金來源的體制性保證。國撥資本性財政資金等多方面的支持與稅收優惠，是各國政策性金融發展的共同特徵。除此之外，日本還依法形成實力強大、資金雄厚的財政投、融資體制，對政策性金融形成穩定的、持續的、不斷擴張的和低成本的資金來源供應，去完成實現國家賦予的經濟、金融、政治與社會使命。儘管這一強有力的財政投、融資體制也有自身的矛盾與問題，在困難時也常常受到非議，但不可否認的是，以財政投、融資體制爲強大後盾的日本政策性金融，在二戰後日本經濟恢復與騰飛中的基礎性、支柱性作用卻是巨大和無可替代的。

（5）以系列化法律制度確保政策性金融協調均衡的結構性特徵。這主要表現在：一是實現了全國商業性金融與政策性金融在資金分割、市場分割、各自所爲與不爲等方面的總體協調均衡。二是實現了政策性金融總體目標與政策的側重點、信貸分佈與傾斜、最大限度地同國家經濟與社會發展戰略及不同階段不同時期的傾斜政策相協調。三是注意形成官方與民間、城市與鄉村、資金流出與流入兩大流動系列的協調均衡，即在總體上，民營城市商業銀行依靠地方商業銀行輸送資金，以此優先滿足國家關注的大中型戰略產業與政策傾斜所需資金；而官方則通過郵政儲蓄和特別會計帳戶資金，用於政策性金融，用於關注民間、鄉村、落後地區、瓶頸產業、困難企業的發展。四是以法律強制的專業性金融業務制度，特別是以專業化政策性金融業務制度來實現投資結構及產業結構的協調均衡發展。五是政策性金融機構本身也都在各自獨特領域以獨特方式向特殊對象開展金融業務，形成自身眾多成員的分工與合作的均衡結構。這種結構均衡反應的是經濟與社會的不同領域、產業、部門之間的結構關係與均衡。

第三節　德國的全能銀行制

德國是實行金融混業經營最爲典型的國家，其金融體系的特徵是全能銀行制。全能銀行在國民經濟中占據主導地位，不受金融業務分工的限制，不僅能

夠全面經營商業銀行、投資銀行、保險等各種金融業務，為企業提供中長期貸款、有價證券的發行交易、資產管理、財產保險等全面的金融服務（在不同的發展時期，德國全能銀行的信貸與證券業務有不同側重），而且可以經營不具備金融性質的實業投資。

一、歷史沿革

德國之所以採用全能銀行制，具有深刻的歷史背景。① 首先，在工業化初期，德國既缺乏充足的資本累積又缺乏必需的證券交易機制等直接融資方式來為工業企業融通資金，因此，德國只得依賴強大的銀行體系來為工業化籌措資金。其次，工業化初期，德國主要通過合資形式建立銀行。一方面可以擴大其股東的基數，從而滿足銀行自身不斷擴充資本金的需求，滿足銀行進行風險管理和資金期限管理的需求；另一方面通過持有非銀行部門的公司股份，當持有股份的公司公開上市後，銀行可以取得較大的收益。事實證明，在全能銀行體制運作初期，德國的銀行體系一直發揮著重要的作用，特別是在二戰後重建時期，德國銀行業以其高效率的運作，為國民經濟的發展發揮了重要的作用。

二、全能銀行參與產業調整的過程

與英國、美國相比，德國的股票市場相對不太重要，國內債券市場儘管發展良好，但由於參與債券市場的主要是政府和銀行，一般工商企業很少發行債券，而1991年剛剛開放的票據市場更是停滯不前。在這一背景下，德國企業的債務權益比率比英國和美國約高出50%，企業外部融資主要依賴銀行貸款，其中很大比例是利率固定的長期貸款，貸款證券化程度與美國相比還很低。因此，德國銀行業在企業融資中的影響大大超過了英、美，銀行不但直接給予企業貸款，而且還幫助企業發行股票和債券，同時承擔了商業銀行和投資銀行兩項職能。除此之外，德國的銀行還通過代理股東投票、獲得企業監事會席位等方式進一步對上市公司施加影響。②

（一）全面參與企業融資和公司治理

德國的全能銀行在企業融資和參與公司治理中發揮著極為重要的作用。具

---

① 鄧蘭松，邊緒寶. 德國全能銀行的發展、變革與啟示［J］. 濟南金融，2005（5）.
② 張湧. 以全能銀行為基礎的德國企業融資模式評述［J］. 經濟評論，2004（1）.

體而言，德國的銀行體系以全能銀行為基礎，以專業銀行為補充，包括商業銀行、儲蓄銀行和合作銀行3個體系，其中又以商業銀行為核心。全能銀行全面參與各種金融活動，包括吸收存款、發放貸款（包括抵押貸款）、承銷證券發行、直接投資於包括股票在內的各種證券，既可以從事傳統的商業銀行業務也可以開展投資銀行業務，是一種多功能、全方位的銀行。德國主要的商業銀行包括德意志銀行、德累斯頓銀行和德國商業銀行3大銀行以及一些地區銀行和外國銀行的分支機構；儲蓄銀行則屬於以公眾利益為出發點、不以利潤最大化為目標的銀行機構，包括地方、州和中央3個層次；合作銀行的存款人既是銀行的股東，也有地方、州和中央3個層次。不屬於全能銀行的專業銀行提供的金融服務少於全能銀行，如專門從事抵押貸款、農業信貸或中小企業信貸的銀行。

全能銀行主要通過以下四個渠道影響企業的投資行為、參與企業的公司治理：發放貸款、直接持股、擔任監事、代理投票。與美國相比，德國企業的資金主要來自於全能銀行和保險公司，如 Poensnen（1980）發現，德國企業75%的債務融資來自銀行體系。德國3大銀行——德國商業銀行、德意志銀行和德累斯頓銀行在信貸市場上占的份額特別大。1972年它們占德國製造業部門貸款總額的28.2%，到20世紀80年代這一市場份額有所下降，但1982年仍達到18.2%。德國全能銀行通過直接持股、擔任監事、代理投票等形式充分介入了企業的治理過程，有利於銀行更廣泛、更深入地收集企業信息，以更好地監督貸款資金的利用狀況，為未來的貸款決策提供有用信息。

企業也可以從銀行參與治理過程中得到益處。這種益處不但表現在企業可以獲得穩定的信貸資金，而且它們可以共享銀行在金融、技術等領域的專業知識。銀行通過擔任企業監事，直接參與企業重大投資、融資、人事等決策，掌握第一手資料，可以避免信貸市場上通常存在的由於信息不對稱而導致的逆向選擇問題，有助於銀行針對企業特定的信用狀況和財務狀況制定特定的貸款利率、貸款擔保、貸款償還等政策。這對於銀行優化信貸資源、降低信貸風險、提高信貸收益起到了積極作用。而企業的其他投資者及其監事代表也可以從銀行監事參與公司治理活動中獲取十分重要的金融信息和其他專業知識，有利於決策科學化。更為重要的是，由於銀行在信息對稱條件下可以實現最優貸款安排，對於信用狀況和財務狀況良好的企業來說，它們可以通過有效地將內部信息傳遞給銀行監事和銀行本身，從而獲得條件優惠的貸款，避免成為逆向選擇的受害者，企業的資金成本也會隨之大大降低。

(二) 全能銀行對企業融資模式的影響

強大的全能銀行和密切的銀企關係對德國的融資模式影響很大。總的來

說，德國的股票市場並不發達、監督功能也不明顯，公司的股權結構較爲集中，許多上市公司的投票權集中在全能銀行手裡。另外，基於公司股價表現的經理層報酬激勵體系也沒有很好地建立起來，以固定報酬爲主要薪酬來源的經理層偏好於從事低風險的投資項目和構造多元化的公司結構。其目的是降低公司陷入財務危機的可能性，以及減少因公司破產而造成專用性人力資本損失的可能性。

從德國公司的內部治理結構看，監事會發揮著較大的作用。監事會中的職工代表主要致力於維護公司雇員就業的穩定性，因此他們也和經理層一樣偏好於低風險投資項目或多元化的經營活動。監事會中的非職工代表由股東選舉產生，他們通常代表具有控制性投票權的全能銀行的利益，而不是其他非銀行股東的利益。他們所關心的是公司能夠保證支付貸款的本金和利息，他們參與公司治理的最終目標也是爲了維護貸款的安全性和收益性。全能銀行代理中小股東投票解決了「搭便車」難題，使上市公司的決策機制不至於因股權結構的分散而失效，同時既防止出現「控制權真空」又制約了經理層對公司的「內部人控制」，較好地解決了現代公司中所有者對經營者的監督和制約問題。

總之，以全能銀行爲基礎的融資模式爲德國企業培育了穩定的所有權結構和控制權結構，這一融資模式的內在結構和外部關係都比市場主導型融資模式更加簡單，特別是這一模式對法律體系的要求比較低。因爲中小投資者的利益直接或間接地受到全能銀行的有效保護，而不像美國的小股東利益必須由十分健全的法律體系來保障，這種關係型融資模式十分有利於促進宏觀經濟的穩步增長。

三、評價與啓示

（1）促進中國金融業的集團化發展。德國全能銀行的發展歷程表明，多元化經營的金融集團更有利於業務的發展和風險防範。在條件成熟時，中國的銀行業要吸收與借鑑這種銀行混業金融體制的發展模式，促進中國銀行業的集團化發展。

（2）實現中國銀行業的國際化。德國全能銀行的全球化戰略是通過在境外設立子公司和附屬公司擴展整個集團公司的經營網路機構，通過收購其他國家的銀行拓展現有的海外分支機構，並且與其他銀行、企業開展各種形式合作，合作的方式可以是多樣化的，從松散的協作到固定的聯盟，以及收購、兼併等。目前，中國銀行擴張發展的組織結構和功能基本上還停留在海外分行和

代表處的層次上，擴展餘地極大。中國的大銀行可以借鑑德國全能銀行的全球化戰略的經驗，根據自身的實力，制定行之有效的海外發展戰略。

（3）逐步開展多元化的金融服務業務。面對全球金融一體化以及大型化、全能化、電子化、網路化爲特點的銀行業發展趨勢，中國銀行業應在改進傳統業務的基礎上不斷拓展業務領域，向多元化、全能化的方向發展。

（4）混業經營將是中國金融業的發展趨勢。國際金融領域的金融全球化和自由化日益加劇，改變金融業的市場環境，促使金融結構發生深刻的變化，傳統的金融業分工和邊界日益模糊，金融機構的業務交叉現象越來越普遍。這是一種世界性潮流，也預示著今後中國金融業經營體制的走向。德國全能銀行的發展與變革表明，銀行業務和證券等業務的混業經營是一國金融業走向強大、參與國際性競爭的重要前提條件。目前，混業經營已經是世界金融業的發展方向，中國應立足於經濟發展的現實，有條件地促進這種轉變。

從以上三個國家的金融體系對產業結構及經濟發展的影響過程來看，銀行導向型與資本市場導向型金融體系各有優劣，實證分析既不支持資本市場導向觀點也不支持銀行導向觀點，而是與金融服務觀的觀點一致，即發育良好的金融體系對產業結構調整及經濟增長有正的影響。

從經濟發展的一般規律來看，各國經濟可持續發展的關鍵在於產業結構的動態優化升級，一方面要形成具有動態比較優勢的新興產業，另一方面要形成支持產業升級的金融體系和與發展階段相適應的金融業。德國的全能銀行因能全面參與企業發展，而在整個產業調整和經濟增長中發揮了舉足輕重的作用。日本經濟的崛起在一定意義上緣於其製造業優勢以及有利於製造業發展的以銀行體系爲主的金融體系的有力支持，但資本市場尤其是創業投資等新興資本市場的發展滯後又使日本經濟陷入了困境。美國經濟之所以長盛不衰，就在於其在傳統產業發展成熟、競爭力逐漸衰退的時候，及時發展了比較強大的服務業，包括銀行和資本市場並重、以資本市場爲主的金融業，並依靠金融的資金導向、信用催化、產業整合、風險防範等機制，保持了整體經濟的動態競爭優勢。可見，在經濟高速增長階段，供給導向型的金融模式發揮了巨大的作用，金融業發展不僅是經濟發展和產業競爭力提高的重要支撐，也是產業結構優化升級的重要條件。

第四章　新型工業化與產業結構調整

　　走新型工業化道路是中國全面建設小康社會的必由之路，新型工業化的過程實質是產業結構的調整、優化過程，新型工業化必須通過產業結構的調整來實現。

第一節　中國的工業化進程及面臨的困難

一、工業化進程回顧

　　1949年，中國的工業淨產值僅為45億元，在整個國民經濟中所占的比重只有12.6％。2005年，中國的工業增加值為86,208億元，國內生產總值為182,321億元，比2004年增長9.9％；全國居民消費價格總水平比2004年上漲1.8％；全年對外貿易順差1,019億美元，比2004年增加699億美元；國家外匯儲備達8,189億美元。這些成績的取得都源於中國實行的工業化振興之路。

　　工業化一般是指傳統的農業社會向現代工業社會轉變的過程。工業化是現代化的基礎和前提，高度發達的工業社會是現代化的重要標誌。工業化是世界大國實現現代化的必由之路，是不可逾越的重要歷史階段。中國工業化的目標是新中國成立初期「一五」期間提出來的，經過半個世紀的奮鬥，中國已經建立了獨立的較為完整的工業體系和國民經濟體系，工業化進程加快。但從人均GDP、工業增加值占GDP的比重、非農產業從業人員占全部就業人數的比重、人口城鎮化率以及工業結構等方面綜合分析，中國的工業化任務遠未完成。總的來說，中國還處於工業化中期階段。

中國的工業化進程總體上經歷了以下幾個階段：

（一）初步工業化階段（1953—1980年）

中國的工業化進程始於1953年，當時蘇聯的發展模式爲我們提供了一個可學習、借鑑的「榜樣」。爲了盡快實現「趕超」目標，國家選擇了重化工業起步的超常規道路，實行「優先發展重工業」的戰略。在經濟制度上，建立了高度集中的計劃管理體制，創建了大量的國有企業，以保證能夠通過高累積的方式集中大量建設資金，進行大規模的重化工業投資和建設。工業高度集中的計劃管理體制迅速延伸到整個經濟系統，從而形成了在中國執行了30多年的計劃經濟體制。

國家採取的重工業化戰略取得了明顯的效果，重工業快速增長。1952—1965年，重工業總產值年均增長15.5%，高於輕工業5.5個百分點，重工業在工業總產值的比重也由35.5%提高到48.4%。1953—1980年，在全國基本建設投資中，工業投資占54%，而其中重工業投資所占比重高達89%，主要投資於冶金、電力、煤炭、化學、機械等行業。

雖然現在評價這一工業化的得失不能脫離時代背景，但不可否認的是，這一做法存在著明顯的問題和失誤。由於缺乏重工業與其他產業的協同發展機制，形成了重工業增長自我服務和自我循環的局面，導致了「重工業重、輕工業輕」的結構性缺陷，輕工業及其他產業發展嚴重落後，表現出「高累積、低消費、低效率」的特徵。消費品嚴重短缺，消費需求受到嚴格抑制。在此期間，中國工業儘管保持了較高的增長速度，但工業與農業、服務業之間，輕、重工業之間，累積與消費之間的關係極不協調，資源配置和結構狀況存在明顯缺陷。國民經濟因結構矛盾而缺少穩定、持續的增長能力。也就是在這一時期，中國初步構造起了獨立、相對完整的工業體系，工業化進程也由起步階段逐步進入了工業化的初級階段。

（二）調整時期（1980—1992年）

到了20世紀70年代末，爲了解決嚴重的結構矛盾，中國開始進行工業化戰略的重大調整，放棄了單純發展重化工業的思路，轉而採取消費導向型的工業化發展戰略。自1980年起對輕工業實行了「六個優先」的政策。此後，被長期壓抑的消費需求突然被釋放出來，成爲工業化的巨大牽引力。首先是以紡織工業爲代表的輕工業獲得了快速發展，在1980—1985年的工業總產值中（按1980年不變價計算），輕工業的比重迅速由47%上升到49.6%。

這期間最重要的進展是經濟體制的改革，高度集中計劃的工業管理體制逐步被打破，資源配置的方式開始脫離計劃的軌道，市場機制開始發揮作用。在

資源配置新機制下，過去受到傳統戰略壓制的輕紡工業，在市場需求、價格彈性的強刺激下，推動了非國有經濟更多地進入到這些領域。因此，重工業比重過高的扭曲結構，主要是通過非國有經濟的進入而加以調整的。到了1998年，輕工業中非國有經濟的比重達到77.1%。與此同時，輕重工業逐步協調增長，輕重工業的互動發展機制逐步形成，重工業開始加強輕工業所需的工業原料和機器設備的生產與供應，而輕工業則通過產品的市場開拓，增加了對重工業產品的需求。

這一階段的基本特徵是，結構失衡的狀況在不斷調整的過程中趨於均衡，資源配置方式由單純的計劃手段轉向計劃手段與市場調節相結合，市場由封閉開始轉向開放，工業化的總體進程也由工業化初級階段向工業化中期過渡。

在這一階段還形成了兩個帶有長期意義的機制：一是需求導向型的工業化發展戰略在這一時期得到確立，釋放消費需求、挖掘市場潛力、以消費結構的升級推動產業結構向高度化方向發展的工業化發展思路逐步清晰起來，並貫穿今後的工業化進程中；二是工業化與城市化的互動機制初步形成，使越來越多的農民和農村地區加入到工業化的行列中。

然而，這一時期也出現了新的結構性矛盾，即20世紀80年代末和90年代初，加工業的超高速發展導致了能源、交通、原材料緊缺，基礎工業和基礎設施成為制約國民經濟發展的瓶頸。

（三）明顯高度化階段（1993年至今）

1993年之後重工業快速增長，工業增長明顯轉向以重工業為主導的格局，從而再次出現了重化工業勢頭。但是，此次重化工業的增長機制與改革開放前的情況相比有著本質的不同，後者是不計客觀條件的盲目「跨越」，前者結構變動的趨勢基本上符合工業演變的規律。當然，在此階段的初始時期是以解決能源、交通、原材料等領域的制約瓶頸為目的的，而2000年之後出現的重化工業更為顯著的特徵，是在房地產以及隨後的汽車等消費結構升級推動下而發生的。例如，2002年中國鋼鐵消費量2億噸（這是美國、日本鋼鐵年消費量的之和）中，新增量的60%用於房地產建設。

消費結構的明顯升級並由此推動產業結構向高度化演進，是這一時期突出的特點。在20世紀90年代中期，居民特別是城市居民消費結構再次出現升級，在彩電、冰箱等傳統家電類的消費依然保持較快增長的同時，空調、個人計算機和通信等需求領域以更高速度增長，從而推動電子信息產業的高速增長。通信、電子產業增加值占GDP的比重由1989年的1.4%提高到2001年的4.2%。2001年電子工業占全國工業總產值的比重由1989年的不到5%上升到

近10%（達到1.3萬億元）；規模總量的快速擴張使其對經濟增長的拉動作用十分明顯，電子信息產業對工業增長的貢獻率接近20%。由於電子信息產業具有技術密集度高的特點，從而推動了產業結構向高度化演進。

20世紀90年代中期以來，中國的工業化進程經歷了從未遇到的情況，即短缺經濟的結束。告別短缺是工業化的必然結果，但是當真正結束了國民經濟一直被短缺所困擾的局面後，在短缺經濟條件下依靠數量擴張、擴大生產能力的外延式發展的後遺症凸顯出來，結構性矛盾也深入到技術結構、產品結構、企業結構等更深的層次。在制約因素由供給轉向需求之後，消費導向型的工業化戰略則因缺少新的消費熱點而短時間迷失了發展的方向，這一問題在1998年之後的兩三年十分突出。爲了解決這些問題，中央採取了擴大內需、發展高新技術產業、用先進適用技術改造傳統產業、對國有經濟實行佈局的戰略調整、推動企業重組、加速發展民營經濟等一系列措施，深層次的結構調整成爲這一時期工業化進程中的主線。

經濟體制改革是這一時期最重要的進展：初步建立了社會主義市場經濟體制，確立了市場對資源配置的基礎性作用，產業的市場化程度顯著提高。經過外資、民營企業的快速發展，以及國有企業的改組、改造，國有及國有控股企業在工業增加值中的份額由1980年的76%下降到了2005年的39%。隨著工業化進程的加快，中國製造業領域逐步形成了獨特的比較優勢和競爭優勢，這就是低成本的製造優勢。在新一輪國際分工的形成過程中，中國憑藉市場需求巨大、低成本生產要素（勞動力、土地、人力資源等）、相當實力的產業基礎和生產能力等綜合成本優勢，獲得了此輪產業轉移的有利地位，已初步確立了在全球產業分工中的重要地位——加工、組裝環節的比較優勢。這是中國工業化進程中出現的新情況和新趨勢。

二、對中國工業化所處階段的判斷

根據國內外有關經濟理論和歷史經驗，評價一個國家或地區的工業化水平，大部分依據西方經濟學者所設計的人均總量指標和結構指標。這些指標是以市場經濟體制爲背景的，而中國的部分產業至今仍在政府的嚴格管制之下。因此單獨用一個或幾個指標來判斷中國工業化水平不免有失全面，但通過對這些國際指標的比較，可以對中國工業化所處的階段有所瞭解。

（一）從人均國內生產總值看

著名經濟學家錢納里等人，把經濟增長理解爲經濟結構的全面轉變，並借

助多國模型提出了標準模式，即根據人均國內生產總值水平，將不發達工業經濟到成熟工業經濟的整個變化過程分爲三個階段六個時期（見表4-1）。按2005年年均匯率計算，中國GDP總量折合爲22,257億美元，人均GDP達1,703美元，因此，中國的工業正處於工業化中期階段。

表4-1　　　　　　　　錢納里的工業發展階段劃分

時期	人均GDP變動範圍（按1982年美元計算）	發展階段
1	364~728	初級產品生產階段
2	728~1,456	初級產品生產階段
3	1,456~2,912	工業化中期階段
4	2,912~5,460	工業化中期階段
5	5,460~8,736	發達經濟階段
6	8,736~13,104	發達經濟階段

（二）從產業結構看

美國經濟學家西蒙·庫茲涅茨等人的研究成果表明，工業化時期往往是產業結構變動最迅速的時期，其演進階段也通過產業結構的變動過程表現出來。在工業化初期和中期階段，產業結構變化的核心是農業和工業之間二元結構的轉化。在工業化初期，第一產業比重較高，第二產業比重較低；隨著工業化的推進，第一產業比重持續下降，第二產業和第三產業比重都相應有所提高，且第二產業比重上升幅度大於第三產業，第一產業在產業結構中的優勢地位被第二產業所取代。當第一產業比重降低到10%左右時，第二產業比重上升到最高水平，工業化進入後期階段，此後第二產業的比重轉爲相對穩定或有所下降。工業在國民經濟中的比重將經歷一個由上升到下降的變化。

（三）從就業結構看

根據克拉克的結論，隨著人均收入水平的提高，勞動力首先由第一產業向第三產業轉移，當人均收入水平進一步提高時，勞動力便由第二產業向第三產業轉移。

（四）從城鄉結構看

錢納里等經濟學家在研究各個國家經濟結構轉變的趨勢時，曾概括了工業化與城市化關係的一般變動模式：隨著人均收入水平的上升，工業化的演進導致產業結構的變化，帶動了城市化程度的提高。

表 4-2　　　　　　　　　全國分年度城鎮化率　　　　　　　　單位:%

年份	城鎮化率
1978	17.9
1980	19.4
1985	23.7
1990	23.7
1995	29.0
2000	36.2
2001	37.7
2002	39.1
2004	41.8

由表4-2可知，改革開放以來，中國的城鎮化水平有了很大提高，2004年全國城鎮化率已達41.8%，與1978年相比，年均提高0.87個百分點。一般認爲，在工業化前的準備期，城市化率在30%以下；在工業化的實現和經濟增長期，城市化率在30%和60%之間；在工業化後的穩定增長期，城市化率在80%以上。1996年世界銀行發展報告中測算的中低收入國家城市人口比重爲53%，低收入國家城市人口比重爲32%。無論以何種標準衡量，中國的城鎮化水平都明顯偏低，仍處於工業化中期。

三、存在的困難與問題

(一) 工業化過程中經濟存量與增量的矛盾

經濟存量是指中國現有的傳統產業即製造業、紡織業等，這些產業從總體上看攤子過大，產業集中度不高，技術裝備落後，資源利用率低，低水平生產能力過剩與高附加值產品短缺並存。據統計，近幾年來中國全社會固定資產中設備投資的2/3依賴進口。

經濟增量指的是成爲新的經濟增長熱點和能夠推動產業結構調整的新增產業，如集成電路、衛星通信、信息服務等高新技術產業。爲了趕上世界發達國家水平，中國必須大力發展高新技術產業來達到增加經濟總量的目的，但這並不意味著需要把有限的資源都投到信息產業上，這就涉及經濟存量與增量的協調問題。

(二) 區域、產業非協調發展問題

中國政府在不同經濟階段採取了不同的經濟政策傾向，如東南沿海經濟開放政策、西部大開發政策、振興東北老工業基地等。非協調、不平衡發展在一定程度上是各國經濟發展的必經階段，但目前中國的工業化是在建立社會主義市場經濟體制過程中進行的，當市場經濟煥發出巨大的生產積極性時，只要有市場需求和利潤空間就會有企業投資的慾望。同時，由於中國工業結構不合理和低水平的生產能力並存，各地區都希望盡快通過技術模仿而加快工業發展，從而產生了浪費資源的重複投資、重複建設等非經濟現象。在缺乏中央政府有效調控的情況下，各個區域的結構不平衡會進一步拉大。從整體來看，中國的產業發展並不十分協調，其現狀是新興主導產業規模偏小，企業自主創新能力偏弱，而傳統產業規模偏大，單個企業規模偏小。

(三) 比較競爭優勢很難轉化爲持久競爭優勢

不管是國際貿易體制還是其他經濟競爭體制，經濟活動的選擇，傳統地認爲必須依靠其比較競爭優勢，然而在經濟全球化的背景下，國家、區域及企業的競爭優勢不能完全依靠比較優勢。例如，中國中西部地區大多具有資源比較優勢和勞動力比較優勢，但由於缺乏科技創新和高新技術的帶動，很多區域不能將比較優勢轉化爲持久競爭優勢。若中西部的工業化戰略依然單純依靠採掘業和原料工業來發展，走賣原料的路子，或是把沿海地區一些低檔次的一般加工產業轉移到中西部地區，將很難啓動整個地區經濟的增長，並會影響到產業結構調整的步伐。

(四) 產業集聚中存在的負面效應

工業化是產業集中度提高的過程，這就需要關注產業集聚與經濟發展的關係。產業集聚就是在一個適當大的區域範圍內，生產某種產品的若干個同類企業和爲這些企業配套的上下游企業以及相關的服務業高度地聚集在一起。產業集聚具有明顯的優勢，這種獨特的專業化分工模式可以帶來規模經濟和分工細化雙重好處。就同類產品而言，那些採取產業集聚方式的地區，其競爭力往往強於沒有採取這種方式的地區，而且出現了其他地區的企業向產業集聚地區轉移的勢頭。中國工業也出現了不同程度的集聚。有關專家、學者的研究結果表明，中國經濟將越來越向各大城市區集聚，珠江三角洲、長江三角洲、京津唐三大城市群在不久的將來會成爲具有巨大影響力的經濟空間。

不可否認，產業集聚也給經濟發展帶來了負面影響。首先，如果某區域並不具備某個產業集聚的條件，強行要上這種產業將會加大經濟發展的不確定性。其次，產業集聚的後果往往導致過分重視大企業，因爲企業的發展也需要

集聚即規模效益，這樣企業就需要系列化生產。系列化生產易引起壟斷行為，從而損害消費者利益。日本企業的系列化生產就是一個例子。最後，過分重視大企業也會引起就業難的問題，特別在中國，大量的就業空間存在於中小企業和社區中，大企業的就業容量比較穩定但空間不大。

第二節　新型工業化與產業結構的協整性分析

為了實現全面建設小康社會的宏偉目標，黨的十六大報告給我們指出了今後的發展道路，「堅持以信息化帶動工業化，以工業化促進信息化，走出一條科技含量高、經濟效益好、資源消耗低、環境污染少、人力資源優勢得到充分發揮的新型工業化路子」。只有切實搞好新型工業化，才能實現全面建設小康社會的奮鬥目標。然而，中國是一個發展中國家，仍處在工業化中期階段，要在短時間內走出一條新型工業化道路，關鍵是要加快產業結構調整。這是實現新型工業化的可靠保證。

一、概念及評價指標體系

（一）什麼是新型工業化道路

根據黨的十六大報告精神，新型工業化道路主要「新」在以下幾個方面：①新的要求和新的目標。新型工業化道路所追求的工業化，不但強調工業增加值，而且要做到「科技含量高、經濟效益好、資源消耗低、環境污染少、人力資源優勢得到充分發揮」，並實現這幾個方面的兼顧和統一。這是新型工業化道路的基本標志和落腳點。②新的物質技術基礎。中國工業化的任務遠未完成，但工業化必須建立在更先進的技術基礎上。堅持以信息化帶動工業化，以工業化促進信息化。這是中國加快實現工業化和現代化的必然選擇。要把信息產業擺在優先發展的地位，將高新技術滲透到各個產業中去。這是新型工業化道路的技術手段和重要標志。③新的處理各種關係的思路。要從中國生產力和科技發展水平不平衡、城鄉簡單勞動力大量多餘、資本市場發育不完善且風險較大的國情出發，正確處理發展高新技術產業和傳統產業、資金技術密集型產業和勞動密集型產業、虛擬經濟和實體經濟的關係。這是中國走新型工業化道路的重要特點和必須注意的問題。④新的工業化戰略。新的要求和新的技術基礎，要求大力實施科教興國戰略和可持續發展戰略。必須發揮科學技術是第一

生產力的作用，依靠教育培育人才，使經濟發展具有可持續性。這是新型工業化道路的可靠根基和支撐力。

中國的新型工業化具有以下基本特徵：

（1）科技含量高。科技含量高就是要在整個工業化進程中使「科技」這個生產力第一要素在各個領域和環節中不斷提高，從而使知識和技術等科技因素在產品價值構成中的比例增高，最終以科技含量高的商品提高其市場競爭力。

（2）經濟效益好。經濟效益好就是要在整個工業化進程中改變粗放型經濟，發展集約型經濟，通過「低投入、高產出」的經營模式，最大程度地提高勞動生產率。

（3）資源消耗低。資源消耗低就是要在整個工業化進程中使資源消耗不斷降低，減少浪費，節約資源，通過資源的合理流動和配置，最大程度地提高資源利用率。

（4）環境污染少。環境污染少就是要在整個工業化進程中走一條經濟增長與環境保護相協調的新路子，嚴格按照產業政策的要求，更多地發展清潔型產業，禁止發展污染嚴重的產業，以在最大程度上避免或減少對環境的污染。

（5）人力資源優勢得到充分發揮，就是要在整個工業化進程中把以物質資源投入為主的方式轉化為以人力資源投入為主的方式，以充分發揮專業技術人才、經營管理人才和理論家隊伍人才的優勢，形成一個人力資本投資的良性機制，使人力資本投資獲得更高的收益。

（二）新型工業化的評價指標體系

長期以來，各國均用傳統評價指標體系評價工業化進程，該指標體系的突出優點是指標含義清晰、便於度量。但其缺陷是把工業化視為目的，沒有體現可持續發展的原則，特別是忽視了工業化進程中環境質量、資源消耗等重要指標，容易產生片面追求工業化速度、忽視經濟效益和社會效益的傾向。新型工業化則應強調科技含量高，經濟效益好，資源消耗低，環境污染少，人力資源優勢充分發揮。因此，新型工業化水平的評價應當既包括傳統工業化評價中的經濟發展水平、產業結構、就業結構和城鎮化水平等合理指標，又要反應新型工業化的特徵，必須運用多種指標，全面、客觀地評價新型工業化。

（1）國際通行的工業化評價指標。①經濟發展水平指標。該指標用人均國內生產總值描述，反應一個國家的經濟實力。②產業結構指標。該指標包括工業部門增加值占商品生產增加值的比重，製造業增加值占工業增加值的比重和信息產品增加值占工業增加值的比重。這樣既考慮了傳統指標中製造業增加

值的比重又能兼顧信息產業增加值的比重，體現新型工業化的特徵。③就業結構。該指標用工業生產領域中勞動力占全部勞動力的比重來描述。④城鎮化水平。該指標用城鎮人口的比重來描述。

（2）反應工業化進程中科技貢獻的指標。該指標用技術進步對工業化進程的貢獻率描述。

（3）反應經濟效益的指標。①成本費用利潤率。成本費用利潤率＝利潤總額÷(產品銷售成本＋產品銷售費用＋管理費用＋財務費用)。該指標反應不同行業的盈利能力。②總資產貢獻率。總資產包括固定資產和流動資產，總資產貢獻包括利潤總額、稅金和利息支出。總資產貢獻率＝（利潤總額＋稅金＋利息支出）÷資產總額。該指標體現了資源投入的效果，反應資源消耗和占用的情況。

（4）資源消耗指標。該指標反應資源消耗節約的指標，選擇部分重要原材料、能源品種統計其消耗量並分行業計算單位總產值的消耗，如萬元產值綜合能耗，從而反應資源消耗和節約情況。

（5）環境指標。該指標主要指「三廢」（廢水、廢氣、廢渣）的排放量及其回收再利用情況。

（6）人力資源利用與勞動生產率指標。①工業領域從業人員增長率。該指標反應工業領域吸納勞動力就業的情況，體現人力資源利用程度。②勞動生產率指標。該指標用工業領域人均勞動生產率描述。工業領域勞動生產率＝工業總產值÷工業領域從業人員平均人數。該指標反應勞動者的生產效率，也可用行業人均工業增加值指標度量，後者更能反應真實勞動生產率。

上述指標分別從不同側面反應工業化進程和增長質量，利用這套指標可對國家或地區進行縱向比較，並可以分析工業化進程中的薄弱環節，及時提出調整方向。

二、新型工業化背景下的產業結構調整

（一）面臨的主要問題

（1）時間短，任務重。主要工業化國家實現工業化用了 200 多年的時間，中國卻要在短短的幾十年時間內實現新型工業化，使全世界工業勞動力增加一倍多，這將對世界的工業化進程做出巨大貢獻，但也是一項極其艱鉅繁重的任務。

（2）人口多，就業壓力大。目前，主要工業化國家的總人口大概是 7 億

多，占世界人口的11%；已經實現工業化的國家共60多個，占世界人口的20%弱。國際上通用三個結構性指標作爲衡量一個國家是否達到工業化的標準：農業產值占GDP的比重必須降到15%以下；農業就業人數占全部就業人數的比重降到20%以下；城鎮人口上升到80%以上。而據國家統計局公布的數據，2005年，中國的人口已達130,756萬。其中，城鎮人口56,212萬，占總數的43%，農村人口74,544萬，占總數的57%。因此，幾億農村人口向非農產業和城市的轉移，將是中國新型工業化進程中最爲重要、艱難的任務。

（3）大眾消費能力與新型工業化成果不相一致。中國的人均國民收入剛到1,700美元，購買力還相當低，與發達國家的人均國民收入兩三萬美元有相當大的差距。工業化發展到一定階段必定要使大批量生產的工業製成品面向大眾消費。比如當汽車還是只有極少數人才可以擁有的奢侈品時，與大眾的消費能力形成一對矛盾，此時要想擴大銷售量，就得降低成本，最終表現出來的就是產品降價、居民收入水平的提高和市場的迅速擴大。城市低收入家庭和農民收入水平低是解決大眾消費能力與新型工業化成果不相一致問題的關鍵。目前，占全國總人口一半以上的農民只分享了15%的GDP份額，如何盡快提高農民的收入和消費能力已成爲中國推進新型工業化的「瓶頸」。

（4）資源、環境問題嚴峻。人均資源短缺是中國的基本國情，如果我們不從根本上改變高能耗、高物耗的經濟增長模式，發展需要和資源供應的矛盾將日益尖銳，整個世界的資源、環境、生態體系都支撐不住。比如美國1億多人口消耗世界25%的石油，如果我們也像美國一樣，整個世界的石油可能都不足以滿足我們消耗。發展不足和發展不當是造成環境問題的重要原因。新型工業化正是一種資源節約型和可持續的工業化道路。然而，目前中國用同樣的能源、原材料消耗生產出來的價值量僅相當於發達國家的1/4甚至1/6，如中國生產每噸鋼的能耗爲164千克標準煤，而世界先進水平國家生產每噸鋼的鋼耗只需要80千克標準煤，差距還相當大。

（5）高技術成果轉化效率低。中國企業的開發和創新能力明顯不足，以企業爲主體的產業技術創新體系尚未真正建立起來，屬粗放型經濟增長，大量低技術、低附加值的產品供過於求，許多高技術成果遊離於經濟之外，得不到轉化，資源利用率特別是科技資源的利用率極低，造成了巨大的浪費。根據國家科委科技促進發展研究中心的抽樣調查，中國的高技術成果的商品化率爲25%，產業化率僅爲7%左右。在國家「863」計劃已通過鑒定的科技成果中，得到應用的成果僅占了38.2%，真正形成產品的只有10%，有較大經濟效益的只有2.5%。這種高技術成果轉化效率低的狀況嚴重制約著中國經濟的增長，

致使經濟發展中急需的大量高技術、高附加價值的產品嚴重依賴進口。

（6）新型工業化基礎不平衡與區域產業結構趨同並存。在傳統的計劃經濟體制下，各地方政府長期追求工業自成體系，盲目上項目、鋪攤子，造成重複投資、重複引進、重複生產現象十分嚴重，最終導致各地區之間產業結構嚴重趨同，分工協作程度弱化，產業、產品缺少特色，未能體現比較優勢和協作效益。有關資料顯示，儘管東、中、西部的資源和經濟技術環境存在很大差別，但在工業產品結構中，相似程度卻很高：東部與中部地區結構的相似率爲93.5%，中部與西部的相似率更高達97.9%。趨同化涉及的產業和產品眾多，從初級產品到以家電爲代表的機電產品，再到支柱產業，目前還有繼續加深的趨勢。

（7）在世界市場經濟的競爭中仍處於弱勢地位。在世界範圍內，市場競爭的規則往往是以發達國家爲主制定的，首先體現了發達國家的利益要求，只要我們融入國際經濟，就必須遵守這些規則。近年來，發達國家制定了眾多企業標準，如環境標準（ISO14000等）、技術和質量標準（ISO9000系列等）、估價標準、安全標準等。由於中國技術結構中關鍵性基礎技術和應用水平落後，核心技術和具有自主知識產權的產品較少，關鍵技術受制於人，只得淪爲「世界加工廠」，充當打工者、加工者。

（8）信息化基礎環境較差。信息化一方面是硬件工具和技術層面的進步，如機器的更換、頻道的增寬；另一方面是信息的開發與利用。我們缺乏有關行業、地區的數據庫資源，如一個待開發地區的沿途物產是什麼、產業結構是什麼等。沒有這些基礎的數據，就無法瞭解當地的實際情況。沒有數據資源，再寬的頻道也沒有用，無法進行投資決策，引進外資搞工業化就困難。另外，也有不少信息由於不符合國際規範而沒有可利用的價值。

（9）企業規模小，無法和實力雄厚的國際競爭相抗衡。中國缺少一批主業突出、創新能力強、有綜合實力和國際競爭力的大企業，尚沒有形成以大企業爲核心、以眾多中小企業爲其配套協作的企業群體。工業生產領域中許多重要產業的整體規模與技術水平不相稱。作坊式的手工勞動仍普遍存在於農業和其他一些低技術構成產業中。企業中普遍的問題是生產技術水平落後，形不成規模經濟，產品不能適應市場需求變化，根本無法參與國際大市場的競爭。

（二）加快產業結構調整是新型工業化的必由之路

當前，中國的產業調整是指從舊的產業結構格局轉向以高新技術產業爲先導、基礎產業和製造業爲支撐、服務業全面發展的產業新格局，更好地發揮現有的各種經濟優勢，促進經濟社會的發展。中國經濟在總體規模快速擴張的同

時，面臨著既嚴峻又緊迫的產業轉型任務，必須通過產業調整來發掘各產業的比較優勢和競爭優勢，將高新技術產業發展爲經濟的主導力量，使三次產業的比例關係趨於協調。產業調整對新型工業化而言，其意義體現在以下幾個方面：

（1）爲信息技術的發展提供了一個寬廣的平臺。產業調整的目的是要實現中國經濟發展既有量的增長又有質的提高，而實現這一目的的關鍵是要求各產業實現產品信息化、生產過程信息化、市場供需信息化和決策與管理的信息化。這就爲信息技術的發展提供了一個寬廣的平臺。

（2）加快工業化進程。由於產業結構調整要以信息化等現代技術手段來改造中國的傳統產業，以信息化促進工業化的發展，這就使得工業化時間縮短、工業化進程加快。對於工業產業來說，傳統的工業化進程一般要經歷輕工業化、重工業化、高加工度化和知識技術集約化四個順次演變的階段；從生產要素的構成上看，則表現爲勞動密集、資本密集、知識技術密集三個順次演變的階段；從產出效果上看，主要體現爲低附加值向高附加值的轉變。而產業調整要求我們打破常規，在工業化的過程中，同時向工業化的各個高級階段演變，使第二產業演變的速度加快。信息技術與傳統農業及服務業的融合能夠加快與第一產業和第三產業轉型有關的工業化進程。

（3）提高整個工業的技術水平、效益水平和競爭力。產業調整對科技進步和勞動者素質提出了更高的要求；同時，在繼續加強國內研究開發和人力資源開發的基礎上，要充分利用全球科技資源，加大技術引進和技術交流的力度。改革開放以來，由於利用國內外多種渠道、多個層面的科技資源，使中國高技術含量、高附加值的產業得到迅速發展。事實證明，產業結構的調整、優化能夠促進科技進步；科技進步能夠提高經濟效益，推動經濟持續快速增長；經濟持續快速增長能夠使出口商品持續增長，增強國際競爭力。

（4）實現社會資源的優化配置。產業結構調整是實現社會資源優化配置、形成良好的產業格局的客觀要求。中國是一個人均自然資源擁有量較少的國家，要保持經濟社會的長期持續快速發展，就必須走資源節約型的發展道路。產業結構調整就是要實現產業結構的優化升級，保持長期增長的勢頭，做到高增長、低能耗、低物耗、少污染。

三、產業結構調整的戰略方向

轉變經濟增長方式，調整產業結構，實現速度、結構、質量、效益的統一

是經濟發展、落實科學發展觀的基本要求，也是新型工業化的必由之路。但長期以來，中國經濟發展走的是一條高投入、高消耗、低效益的路子。粗放型增長已直接給中國的整體經濟運行帶來了隱憂，使資源約束加劇。爲此，必須切實轉變增長方式，降低經濟增長的成本和代價，實現由粗放型向集約型轉變。具體要做到以下幾點：

（1）優化工業結構。在工業結構調整中，要注意統籌工業和農業的關係，充分發揮農產品資源豐富的優勢，加快農產品加工業的發展。圍繞糧食及飼料加工業、植物油加工業、肉類加工業、水產品加工業、乳品、飲料、綠色食品、棉麻等重點，培育和發展一批龍頭企業；充分發揮勞動力成本低的優勢，加快勞動密集型產業的發展，發揮中小企業和農產品加工業在擴大就業中的重要作用，提高工業對農民增收和擴大就業的貢獻率。充分利用國內、國際兩個市場資源，加快外向型工業的發展。同時，著力深化改革，優化環境，加大引進外資力度，擴大對外交流，發揮比較優勢，將工業結構調整融入全球經濟體系的發展中。

（2）發展循環經濟和實施清潔生產。循環經濟是指在經濟發展中，遵循生態學規律，將清潔生產、資源綜合利用、生態設計和可持續消費等融爲一體，實現廢物減量化、資源化和無害化，使經濟系統與自然生態系統的物質和諧循環，維護自然生態平衡。這是解決經濟社會發展中資源和環境問題的最佳途徑。只有走以最有效利用資源和保護環境爲基礎的循環經濟之路，可持續發展才能得到實現。在產業結構調整中，必須以提高資源利用效率爲目標，降低企業對能源等原材料的消耗強度、單位產值污染物排放強度，提高工業勞動生產率。優化產業結構，繼續淘汰和關閉浪費資源污染環境的落後工藝、設備和企業，用清潔生產技術改造能耗高、污染重的傳統產業，大力發展節能、降耗、減污的高新技術產業。特別是在污染嚴重的冶金、石化、輕工等行業中必須推行清潔生產，使企業取得進入國際市場的綠色通行證。

（3）推進技術進步，加強科學管理。必須注重依靠科技進步和提高勞動者素質增強中國工業發展的後勁，改善和提升經濟增長的質量和效益，走出一條新型工業化發展路子。缺乏核心技術是國內企業競爭力不強的一個主要原因，關鍵問題是企業的科技意識不強、動力不足、投入太少。要改變這種現狀，必須加快以企業爲主體的技術創新體系建設，使企業真正成爲技術開發、技術創新的主體，搞好企業的科學管理，建立規範的現代企業制度。現代企業制度是改造傳統產業的基本途徑。爲此，應建立健全高效合理的企業治理結構、管理制度，實現制度創新和管理創新。與此同時，還要加強誠信建設，強

化精品意識，鑄造品牌，提升企業形象。

（4）振興傳統產業與壯大新興產業並舉，做強龍頭企業與培育品牌產業鏈並舉。因地制宜地應用高新技術改造和適時向新興產業轉移等辦法，盤活現有資源，把培育壯大龍頭企業作爲重中之重，按照專業化分工的趨勢和要求，進一步深化國有企業的兼併重組，輔以政府所有與市場化經營機制方面的有效改革。與此同時，培育一批各行業的龍頭企業，形成行業的凝聚力、號召力和競爭力，注重圍繞龍頭企業培育完善的產業鏈，加強立足國內、面向國外市場的中小配套型企業建設，推動形成以龍頭企業爲核心的品牌產業聚集基地，力爭在產業國際分工體系中占據一席之地。

四、產業政策選擇

（一）經濟存量與增量要協調發展

我們必須清醒地認識到，傳統產業是國民經濟持續發展的基礎，在相當長的時期內，傳統產業仍然有廣闊的市場需求和發展前景。據統計，目前製造業直接創造國內生產總值的1/3，占整個工業的4/5，爲國家財政提供1/3以上的財政收入，占出口總額的90%，就業人員達8,000多萬。同時，高新技術產業又是經濟迅速發展的先導產業，但是沒有傳統技術產業作爲載體，高新技術只能成爲水中月，鏡中花；相反，單獨發展傳統技術產業，國民經濟就不可能實現超越和可持續發展。因此，必須從傳統產業著手，以高新技術產業帶動傳統產業的發展，使兩者相互滲透、相互促進、協調發展。

（二）區域協調發展，優化產業結構

中國應按照產業結構優化和區域協調發展的目標，走新型工業化道路，把工業發展和農業、服務業的發展協調統一起來，立足已有工業基地，通過「扶優、關小、汰劣、限長」，以結構升級帶動傳統產業的組織調整，防止盲目擴大規模和重複建設，優化工業結構。

（三）將比較競爭優勢轉化爲持久競爭優勢

一個國家、區域或企業必須把比較競爭優勢轉化爲持久競爭優勢，才會真正提高競爭力，這也是走新型工業化道路著重解決的問題。在這個轉變過程中，需要注入的一個關鍵因素就是創新。在20世紀末至今的經濟競爭中，日本企業一度以逼真的模仿甚至先進的技術，使自己占領了較大的市場份額。而美國企業則以創新打敗了日本企業，率先進入了新經濟時代。對於中國的企業來說，同時實現新型工業化道路的多個經濟目標難度很大，如經濟效益好的企

業往往資源消耗大，環境污染也多；科技含量大的企業往往提供的就業空間小，不能使人力資源優勢得到充分發揮。而創新一方面可以降低資源消耗，另一方面可以創造更多的就業機會，是解決以上問題的有效途徑，能將比較優勢轉化爲持久優勢。此外，不僅要進行技術創新，更爲重要的是應用創新，即在高新技術應用的過程中，進行制度創新（加快建立現代企業制度）、結構創新（創新企業組織結構、區域結構、行業產品結構）和管理創新，從而達到新型工業化的目的。

(四) 產業集聚規模適當，擴大就業空間，促進經濟發展

產業集聚規模程度過低會導致經濟發展不能充分利用規模經濟和分工細化的好處，但集聚規模程度過大又會加大經濟發展的不確定性和壟斷行爲。因此，不同區域要根據當地的實際情況選擇不同的產業積聚規模，趨利避害，投入相對少的資本，使產業結構趨向合理化和高級化；不僅要保護大企業而且要維護消費者的利益、擴大就業空間，以加快本地區的經濟發展速度。

第五章　產業結構調整中的金融支持的理論基礎

第一節　金融發展理論

金融發展理論主要研究金融發展與經濟發展的因果關係，並說明各種金融變量的變化及金融制度變革對經濟發展的長期影響，由此得出發展中國家爲促進經濟增長所應採取的金融發展政策。

一、金融結構理論

金融結構包括各種現存金融工具與金融機構的相對規模、經營特徵和經營方式，以及金融仲介機構中各種分支機構的集中程度等。

金融結構能促進經濟增長，改善經濟運行。這是因爲：首先，它能夠提高儲蓄和投資總水平。金融工具的出現能使儲蓄和投資分離成兩個相互獨立的職能，從而克服特定經濟單位資金運動中收支不平衡的矛盾。一方面，金融工具使一個單位的投資可以大於或小於其儲蓄，擺脫自身儲蓄能力的限制；另一方面，金融工具爲儲蓄者帶來增值，使得儲蓄不僅是財富的貯藏，還能增加收益。這是針對工商企業、家庭和政府發行的初級金融工具而言的。另外，只要次級發行不是初級發行的簡單替代品，金融機構發行的次級金融工具就會增加儲蓄和投資總量。可見，金融工具的出現爲經濟單位進行儲蓄和投資提供了一種機制，有利於全社會儲蓄和投資總水平的提高。其次，能夠有效配置資金。金融機構的業務經營很大程度上是將儲蓄更有效地在潛在投資項目之間進行分配，以提高邊際效益率。金融機構配置資金是通過爲各種資本支出進行融資而

實現的，如增加那些邊際收益率超過平均水平的部門、行業、項目設施和設備的份額，相應地減少其他部門、行業、項目設施和設備的份額，從而促進經濟增長。資本支出分配對經濟增長所產生的引致增長效應比金融上層結構的業務經營對儲蓄和投資總量所產生的效果更有意義。

金融結構涉及的內容十分廣泛，歸納起來，主要有兩大類：一是戈德史密斯的金融結構觀，即金融結構是由金融工具和金融機構共同決定的；二是現在正流行的「兩分法」，即以金融仲介（銀行）爲主要形式的銀行主導型金融結構和以資本市場爲主要形式的資本主導型金融結構。一國的金融結構不是一成不變的，會隨著時間的推移而發生不同的變化。因而，同一個國家不同時期的金融結構也是不相同的。金融發展就是金融結構的變化，世界各國的金融發展都是通過金融結構由簡單向複雜、由低級向高級方向的變化來實現的，且都沿著一條共同道路在前進。

二、金融深化理論

金融深化是指國民財富貨幣化和社會資產金融化的深度。在市場經濟中，社會經濟資源的配置基本上是通過資本市場的配置來實現的，資本集聚的規模和速度決定了經濟結構的變動，金融深化的結果形成金融在經濟中的主導地位。在發達國家和新興工業化國家的經濟起飛中，金融深化起了決定性的作用。在這一過程中，銀行業高度發達，並向工商企業直接投資和滲透，發達的金融市場和高效的金融機制成爲經濟成熟的先導。發達市場經濟中高度發達的金融業顯示了金融業在現代經濟中的地位。對於一個發展中的市場經濟來說，金融深化的作用在於培育統一的資本市場和發達的金融業，以此來調整市場功能，推動各部門資本收益的均等化，並調整已有的資本存量，形成較高的儲蓄率、投資率和投資收益率，盡快跨越不發達階段。

金融深化是現代市場經濟發展過程中的一個重要現象，它表明金融本身的成熟及其在經濟中的滲透。從中國的具體情況來看，在從計劃經濟向市場經濟過渡中，金融深化的標誌具體體現在以下幾個方面：一是在國民生產總值中經貨幣交易的總值比重提高，自然經濟即物物交換的比重下降；二是用現代方式經營管理的銀行、金融機構、金融市場的發展，即國家專業銀行向商業銀行轉變和城鄉信用合作銀行的發展；三是除商業銀行外，由於非商業性金融機構、資本市場和資金市場的發展，放寬了對金融體系和市場的管制；四是利率和匯率的市場化，探索出利率與匯率市場化的最好過渡形式；五是隨著中央銀行調

控系統的形成與發展，形成一個發達的穩定可控的現代金融體系。

三、金融約束理論

金融約束是指一組金融政策，如對存款利率加以控制，對進入資本市場和來自資本市場的競爭加以限制等，這些政策旨在爲金融部門和生產部門創造租金或者旨在提高金融市場的效率。金融約束是有條件的：一是宏觀經濟環境必須穩定；二是實際利率必須爲正。金融約束在金融抑制和金融自由化之間架起了一座橋樑，這符合漸進式改革的思路。

金融約束論對金融發展和經濟增長關係的實證研究大致可以劃分爲五個部分：一是研究金融仲介和經濟增長的關係；二是研究資本（股票）市場和經濟增長的關係；三是研究金融仲介和資本市場與經濟增長的關係；四是研究金融發展與行業成長的關係；五是研究金融發展與企業資本結構的關係。金融約束論的主要成就是：一方面，解決了金融仲介體和資本市場是如何內生形成的；另一方面，解釋了內生出來的金融仲介體和資本市場是如何與經濟增長發生相互作用的。

由於金融約束論的假設條件更加接近現實，理論模型因考慮了更多因素而更加全面，政策主張因較多地採用實證分析而更能經得起實踐的檢驗。

第二節　產業的金融需求與金融供給

一、產業的金融需求

隨著經濟的發展，產業結構一般會按照自然演進規律從低級向高級進行調整。在常規方式下，產業結構的調整方向爲：農業—輕工業—重工業—高技術工業—現代服務業。不同的產業需要的生產要素不一樣，其要素的比例也有很大的不同，因而對金融的需求也會有很大的區別；同樣，在同一產業發展的不同階段，其金融需求也會不一樣。接下來將從這兩個方面來對產業的金融需求分別進行詳細的闡述。

農業和輕工業基本上屬於勞動密集型產業。在生產要素配置中，勞動力占的比重很大，資金和技術占的比重較小，而且企業的規模一般較小。在生產過程中，金融需求不大，一般通過銀行借貸的形式進行小額融資，且融資方式要

靈活便捷。重化工業屬於資本密集型產業，其最突出的特點就是需要巨額的資本累積。企業的資本累積可以通過自身的發展壯大來逐步累積，但速度很慢，不足以滿足企業的資金需求，所以必須通過外部融資迅速累積巨額資金，促進產業的快速發展。外部融資可以通過銀行借貸和證券市場融資方式進行。當工業化發展到一定程度後，工業由資本密集型轉化爲技術密集型，即高技術產業，如生物工程、高端裝備製造業等。在高技術產業的生產要素配置中，技術的比重最大，即要求較高的研發投入，且同時承擔著很大的技術風險。由於高技術產業這種高科技投入和高風險的特點，它的金融需求不僅總量很大，而且需求的金融方式也多樣化，一般需要銀行、證券和風險投資基金等對其同時進行金融支持。

同一產業所處的不同發展階段其金融需求也不一樣，接下來將引入產業生命週期的概念對其進行具體劃分和分析。根據產業生命週期，一個產業的發展將經歷起步期、成長期、成熟期和衰退期，它動態地、系統地反應了各個產業從產生、發展到逐漸衰退的全過程。當一個產業處於起步期時，一般企業的規模較小、技術尚不成熟、市場還不穩定、盈利一般也較少、面臨的風險最大，這時候需要一定的風險投資來支持企業在激烈的市場競爭中能夠生存下來。在產業的成長期，行業的增長速度最快，這時候企業需要大量的金融支持來進行規模的擴大和進行再生產。但是這個階段的企業，一般發展還不是很穩定，也還沒擁有良好的資信評價，所以在成長期儘管企業的金融需求很大，但大量企業難以得到有力的金融支持。當產業進入成熟期後，企業的生產經營比較穩定，且能夠產生大量的現金流。這時企業不需要太多的外部融資，金融需求較小，而且處於這個階段的產業，一般有穩定的經營收入、良好的資信情況和大量的可抵押資產，對金融的需求很容易得到滿足。最後是產業的衰退期。這時企業逐漸會縮小生產規模、減少投資，通過轉投向其他產業進入新一輪的產業循環，產生新的金融需求。

二、金融供給

金融的實質其實就是一個資金仲介，金融一般不參與實體經濟生產，它通過儲蓄吸收一部分社會非生產資金，通過對產業發展提供金融供給即投資，將其轉化爲生產資金，從而對產業發展和產業結構調整產生影響。

金融的供給一般由資金來源、金融機構和投資方式來決定。首先，分析資金來源。金融一般不參與實體生產經營活動，它的資金來源主要是依靠吸收存

款。當經濟社會發展到一定程度以後，企業也可以通過證券市場上市發行股票來進行直接籌資。資金來源的多少決定了金融的總供給量，是金融能夠進行金融支持的前提和基礎。其次，金融系統包括不同的金融機構。各金融機構存在嚴重的分業管理，因此，不同的金融結構其金融供給也不一樣。比如由於金融機構的所有權和組織形式不一樣，則它們在進行投資時的風險意識、投資偏好和具體運作方式等都有很大的差異。最後，投資方式也有各種各樣。不同的投資方式決定了金融供給不一樣，債權和股權一般是我們對投資方式進行的簡單分類。它們之間最大的區別就是：債權要求按一定的利率到期還本付息，不參與企業的生產經營管理，常常還附帶有抵押、擔保等條件，風險較小，而股權沒有到期還本付息的壓力，卻可以直接參與企業的生產經營管理，可以分享企業的利潤，但風險較大。這兩種投資方式都有其各自的優缺點，只要好好加以利用，使其符合產業發展的需求，都能夠為產業的發展和結構調整帶來促進作用。

三、產業的金融需求與金融供給的聯繫

產業的金融需求與金融供給兩者是相互聯繫、相互影響的，產業的發展和結構調整離不開金融的支持；同樣，金融通過金融供給支持產業發展和產業結構調整時，自身也獲得了很大的發展。隨著經濟的發展，產業結構一般會從低級階段逐漸向高級階段演變，產業結構的調整會對金融不斷地提出更多、更高的要求，使其符合產業調整的方向。當產業的金融需求與金融供給達到均衡狀態相互適應時，它們兩者之間可以起到相互促進的作用。

第三節　金融發展與經濟增長、產業發展關係的理論

一、金融發展與經濟增長

在金融發展與經濟增長的關係上，傳統經濟理論認為，金融體系僅僅是為了迎合實體經濟部門融資的需要而配合這些部門的自主發展，因而其作用是被動的。現代金融發展理論則提出，金融發展對經濟增長有著因果關係。

20世紀90年代至今的最新實證研究成果表明：金融發展促進經濟增長，金融仲介體和金融市場的發展，能夠通過促進儲蓄以更高的比例轉化為投資，

通過提高資本配置效率，通過動員更多的儲蓄來促進經濟增長。

美國耶魯大學經濟學家體・T. 帕特里克（Huhg. T. Partikc，1966）根據金融與經濟增長因果關係的不同進行了研究。他發表了《欠發達國家的金融發展與經濟增長》一文，提出了需求帶動和供給引導的金融發展問題。根據金融與經濟增長的因果關係不同，帕特里克認爲金融發展可以是被動和相對滯後的，也可以是主動和相對先行的。需求導向的金融發展是實體經濟部門發展的結果；供給導向的金融發展先於實體經濟部門對金融服務的需求，對經濟增長起到積極影響。帕特里克提出的假設是供給導向的金融發展對早期的經濟發展有著支配作用，特別是當它能爲更有效地包含技術創新的投資提供資金時更是如此。一旦經濟發展趨於成熟，需求導向的金融發展就該發揮作用了。他還指出，金融體系對資本存量的影響體現在提高既定數量的資本和新資本的配置效率、加快了資本累積的速度。這一假設被後來許多研究結果所證明。

以萊文（Levine，1993）爲代表的經濟學家對金融發展促進經濟發展的方式、途徑以及機制進行了更深層次的研究：一是在理論研究方面引入了交易成本理論、信息經濟以及內生增長理論等新的經濟學理論，拓寬了金融發展的理論基礎，增強了對經濟現實的解釋力；二是一些學者將內生增長及內生金融仲介體引入金融發展模型中，以解釋金融仲介體和金融市場如何內生形成的並提出政策建議。在實證研究中，應用了一些新的統計檢驗方法、工具，選用數據涵蓋了一國及跨國數據，包括跨年度序列和跨季度序列的總量數據，以及產業和公司層面數據，從不同角度分析驗證了金融系統對經濟增長的影響。

二、金融發展與行業成長

拉詹和津加萊斯（Rajan and Zingales，1998）通過研究金融發展對企業外部融資成本的影響來研究金融發展對行業成長的促進作用。一個行業在成長過程中，對外部融資的依賴程度越大，金融發展對其促進的作用就越大。也就是說，那些對外部融資具有很大依賴程度的行業在金融體系發達的國家中成長速度會特別的快。這是因爲，金融體系有助於企業克服道德風險和逆向選擇問題，從而使企業的外部融資成本下降。拉詹和津加萊斯從金融影響行業成長的特定機制入手，他們的研究爲金融發展和經濟增長因果關係的研究方向邁出了重要的一步。

另外，拉詹和津加萊斯在衡量行業對外部融資的依賴程度時，把美國行業對外部融資的依賴程度作爲其他國家該行業對外部融資的依賴程度的標準。爲

了深入研究行業成長的原因，他們把行業成長分解爲兩個分量：行業中單位[①]數量的增加和行業中現有單位平均規模的擴大。新建單位對外部融資的依賴程度往往比現有單位高，從而在對外部融資依賴程度較高的行業中，單位數量的增加應該對金融發展特別敏感。

三、金融發展與企業融資

德米爾居斯·孔特和馬克西莫維奇（Demirgug Kunt and Maksimovic，1996）使用30個發展中國家和工業化國家1980—1991年的數據，實證分析股票市場發展對企業融資決策的影響。他們發現，銀行發展和槓桿比率（債務/權益）之間有著顯著的正相關關係，而在股票市場發展和槓桿比率之間有著不顯著的負相關關係。同時，他們還研究發現：在發達的股票市場上，股票市場的進一步發展會導致股權融資對債務融資的替代。相反，在發展中的股票市場上，隨著股票市場的發展，大企業的槓桿比率變大，而小企業未受到顯著的影響。這表明，在許多具有新興股票市場的發展中國家，發展股票市場會對現有以銀行爲主體的金融市場起到一定的補充作用。

第四節　產業結構調整中的金融支持機理

金融是現代經濟的核心，是經濟發展和產業結構調整時不可缺少的助推器。金融能夠吸收一部分社會非生產性資金，通過投資將其轉化爲生產性資金，加快產業發展的資本累積和規模的擴大。所以，不管是要發展基礎產業，還是要發展支柱產業、戰略性產業，都需要有與之相適應的充分而便捷的金融支持。

一、金融活動對產業結構調整的影響原理

金融活動與生產活動兩者並不是相互分離的，它們之間是相互影響、相互作用的。從本質上來說，金融活動從屬於生產活動，金融活動是經濟發展到一定程度以後，從生產活動的流通和分配環節慢慢分離出來的；同時，反過來金

---

① 單位在單一所有權或控制權下在一個地區從事一種活動或主要從事一種活動。

融活動的總體發展和結構變動又會對生產活動產生影響。所以，產業結構在升級調整過程中，金融活動將對其產生重大的影響。

在現代經濟社會中，金融主要是通過信用活動來對產業結構調整產生影響。因為產業結構的升級調整實質上是生產要素的分配比例發生變化，而決定生產要素分配比例的主要是信用活動。如果信用活動對生產要素分配的比例合理，符合產業結構演變的規律，那麼就會對產業結構的升級調整起到促進作用；否則，很可能會起到反作用，阻礙產業結構的升級調整。信用活動主要是通過信用發放和消費信貸來改變生產要素之間的增量與存量變化，從而達到影響產業結構調整的目的。比如，為了減少對房地產行業的過熱投入，銀行可以通過調高銀行法定準備金率，減少商業銀行的信貸投放量來進行調整；銀行可以通過消費信貸來影響人們的未來消費與當前消費的比例，改變人們的需求結構，推動汽車、房地產等行業的發展，從而促進產業結構的升級調整。

金融還可以通過信貸資金的投入來促進產業結構的升級調整，信貸資金投入總量和結構的改變影響著產業結構調整的速度與方向，即信貸資金投入具有規模效應和結構效應。在一般情況下，規模效應為正，資金投入規模與產業結構調整優化呈正方向變化；結構效應可能為正，也有可能為負，主要取決於資金投入結構與產業結構調整方向的資金需求是否相適應，如果相互適應，則資金投入會形成有效供給，促進產業結構的調整優化和經濟的增長；反之，投入結構效應可能為負，投入越多，反而會造成資金供給與資金需求更大程度的背離，阻礙產業結構的升級調整，進而影響經濟的發展。

二、金融活動對產業結構調整的影響機制

在產業結構調整過程中，金融對其產業作用的過程可以概括為：金融通過儲蓄、投資影響資金流量、影響生產要素配置結構和資金存量結構變化、影響產業資本的變化、影響產業結構的調整。在這個過程中，金融主要是通過投資規模和投資結構來影響產業發展與產業結構的調整。投資規模主要由儲蓄量來決定。只有有了儲蓄，金融機構才有可供投資的資金。金融機構是一個仲介機構，通過投資將吸收的金融資金轉化為生產資金；金融機構在投資時要控制風險還要獲得一定的盈利，所以金融在提供資金支持時會對企業進行一定的篩選和甄別。一些盈利較好的大企業，有發展前景的朝陽產業比較容易獲得金融支持，而一些效益較差、經常虧損、信譽不佳的企業或夕陽產業則很難獲得金融支持。投資的這種選擇性影響了資金在不同企業和產業中的流量，進而影響生

產要素的配置機構，影響產業資本結構變化，從而使產業結構發生調整變化。投資結構除了受金融機構自身的影響外，還受國家金融政策和產業政策的影響。對一些基礎產業、戰略性產業或新興產業等，國家往往會對其採取金融傾斜等手段來進行調控，進而影響產業結構調整的方向。金融對產業結構調整產生作用的具體過程如圖5-1所示。其中，需求導向是指金融資源的需求隨著產業結構的調整發生變化，供給導向是指金融結構和金融產品的變化與創新使金融市場運作發生變化。

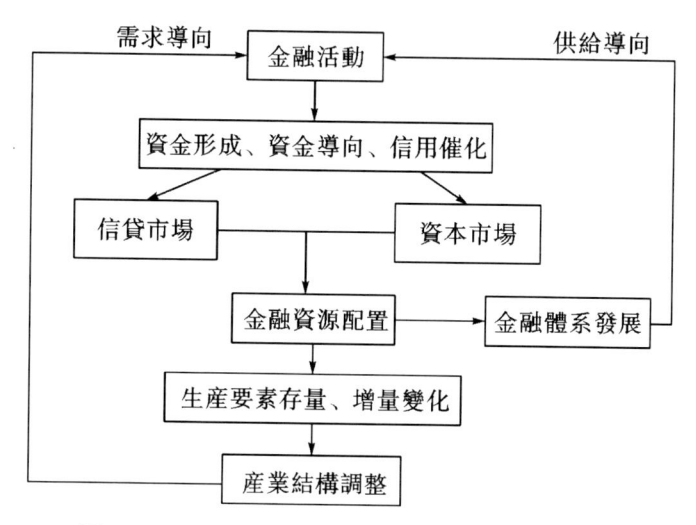

圖5-1　金融對產業結構調整產生作用的過程示意圖

從圖5-1可以看出，金融活動對產業結構調整產生影響主要是通過產業資本的形成機制、資金的導向機制和信用催化機制來影響資金的供給規模與供給結構的，從而對產業結構的升級調整產生影響。

在產業結構升級調整中，產業資本的累積非常重要。產業資本可以來自企業自身的累積，但累積速度比較慢，所以企業必須依靠外部籌資來實現快速發展。企業的外部籌資主要通過金融體系來實現。金融體系能夠通過儲蓄吸收大量的社會閒散資金，累積大規模的資金，為產業發展和結構調整提供大量的金融支持。所以，在一個完善的金融體系中，金融拓寬了產業發展的資金來源，促進了產業結構的升級調整。

資金的導向機制是指金融機構將吸收的儲蓄資金按照一定的規則和方法投向不同的區域與產業，從而影響產業結構的調整，它主要通過商業性金融和政策性金融來完成。商業性金融機構按照市場經濟原則來開展金融活動，在進行投資時，會同時考慮投資的風險性和盈利性。資金按照經濟原則在各產業部門

之間進行配置，從而使產業結構發生調整。政策性金融可以通過貨幣政策爲產業結構調整提供合適的宏觀環境，也可以通過差別利率或信貸政策來鼓勵或限制不同產業的發展。另外，對一些社會公共基礎設施或投資期較長的項目等，商業性金融機構一般不願或無力提供足夠的金融支持，而政策性金融則可以通過金融傾斜克服這種市場失靈現象。

信用催化機制是指通過創造信用，把潛在的資源現實化，加速資本的形成。金融產品的創新，比如證券化就是一種對產業結構調整有直接影響的信用創造，它能夠擴寬產業資本的來源和流動性，促進產業結構的升級調整。在信用催化機制下，金融機構在進行資金投向選擇時，一般以資金的增值返還爲目標，一般會選擇一些具有廣泛的前向、後向和旁側擴散效應以及具有一定的超前性的產業作爲重點投資項目，這樣才會催化相關產業體系的構建和調整更迭。相比金融被動地適應產業發展的需要，信用催化機制使得金融更主動地對產業結構調整產生促進作用。

目前，中國金融活動主要是通過以間接融資爲主的信貸市場和以直接融資爲主的資本市場來進行具體運作的。在中國，信貸市場占主導地位，信貸市場主要由商業銀行和政策性銀行組成，信貸市場通過利率、信貸配給等對金融資源進行配置，進而影響產業結構的調整。資本市場分爲一級市場和二級市場。一級市場也叫證券發行市場，通過發行新證券爲企業發展籌集資金；二級市場又叫證券交易市場，在證券交易市場裡，通過股權的轉讓和買賣，不同的企業之間可以實現重組和合併，優化資源配置。一級市場主要通過調節資金的增量變化，二級市場主要對資金的存量進行調整，兩者共同作用，對產業結構的調整產生影響。

第五節　當代金融發展理論與產業結構調整

在市場經濟條件下，判斷一個企業是否具有自生能力的標志是該企業能否按照利潤最大化、成本最小化原理來配置生產要素，以企業形式出現的金融機構和金融市場也不例外（中央銀行、政策性銀行等除外）。金融機構和金融市場只有順應經濟發展的需要，將資本配置到最有競爭力的產業或部門，不斷獲得盈利，才能增強自生能力。因此，一個有效的金融體系必然內生於實體經濟發展的客觀需要。對此，研究當代金融發展理論的經濟學家們從效用函數入手，建立了各種各樣具有微觀基礎的模型。他們在模型中引入了諸如不確定性

(偏好衝擊、流動性衝擊)、不對稱信息(逆向選擇、道德風險)和監督成本(有成本的狀態證實)之類的與完全競爭相悖的因素，對金融機構和金融市場的形成做出了規範意義上的解釋。這些模型都採取了比較研究的方法，以論證金融機構和金融市場存在的合理性與內生性。[1]

一、金融機構的形成機制

對於金融機構的形成機制，具有代表性的內生金融機構模型有：本西文加(Bencivenga)—史密斯(Smith)模型、施雷夫特(Schreft)—史密斯模型以及杜塔(Dutta)—卡普爾(Kapur)模型。

在本西文加—史密斯模型中，當事人隨機的(或不可預料的)流動性需要導致了金融機構的形成。一方面，金融機構的存在使當事人改變儲蓄的構成，即持有更多的流動性差但生產性強的資產和更少的流動性強但生產性差的資產；另一方面，由於從投資支出的發生到資本利潤的取得要經歷一個較長的生產週期，所以在這段時間內，資本投資者可能出現不可預料的流動性需要。如果沒有金融機構，他將不得不推遲未來的投資或變現以前投資的資本，而金融機構的存在避免了這種潛在的或現實的投資損失。

在施雷夫特—史密斯模型中，空間分離和有限溝通導致了金融機構的形成。在該模型中，當事人面臨著遷移的風險，在遷移發生時，當事人需要變現其資產。金融機構的出現為當事人提供了這方面的保險(避免了遷移發生時資產變現所帶來的損失)。這是因為金融機構一方面為當事人提供存款服務，另一方面持有現金儲備以應付存款人的取款需要。

在杜塔—卡普爾模型中，當事人的流動性偏好和流動性約束導致了金融機構的形成。當事人之所以需要流動性，是因為個體風險的存在使當事人無法預料自己的未來消費。未來消費的不確定性促使當事人持有流動資產，而金融機構的存在與否直接影響到當事人所能持有的流動資產的形式。在金融機構不存在的情況下，當事人只能持有諸如公共債務和法定貨幣之類的流動資產，從而受到流動性不足的約束。在流動性約束下，當事人的消費行為發生扭曲，其境況較差。在金融機構存在的情況下，當事人可以持有金融機構存款。金融機構存款作為流動資產，與其他公共債務和法定貨幣相比，在提供流動性服務方面效率較高，緩解了流動性約束對消費行為的不利影響，提高了當事人的福利。

---

[1] 談儒勇. 金融發展理論在90年代的發展[J]. 中國人民大學學報, 2000(2).

二、金融市場的形成機制

具有代表性的內生金融市場模型有：布（Boot）—塔科爾（Thakor）模型、格林伍德（Greenwood）—史密斯模型。這些模型在給出金融市場的形成機制的同時，也給出了金融機構的形成機制。

布和塔科爾考察的是經濟的生產方面。在他們的模型中，金融機構和金融市場都是當事人的集合體。組成金融機構的當事人把錢存入金融機構，金融機構再把所吸收的存款貸放出去，從而為生產者提供資金。組成金融市場的當事人在市場上進行競爭併購入生產者發行的證券（包括債券和股票），從而為生產者提供資金。證券的市場價格由「瓦爾拉市場」出清條件決定。金融機構和金融市場各具優勢，從而吸引不同類型的當事人。在監督上的優勢導致了金融機構的形成：當事人通過金融機構對生產者進行監督，可以有效地緩解道德風險。在信息獲取和信息匯總上的優勢導致了金融市場的形成：證券的市場價格反饋給廠商的信息有助於實際投資決策質量的提高。

在格林伍德—史密斯模型中，金融市場（金融機構）的固定運行成本或參與成本導致了金融市場（金融機構）的內生形成。在經濟發展的早期階段，人均 GDP 很低，當事人無力支付金融市場（金融機構）的固定參與成本，金融市場（金融機構）根本不會形成；或者有能力支付的人數甚少，交易次數少以及每筆交易量小，單位交易量所負擔的成本較高，相應的收益不足以抵償這種成本，當事人不願意去利用金融市場（金融機構），金融市場（金融機構）也不會形成。隨著經濟的發展，人均 GDP 達到某個臨界值之後，有能力支付參與成本的人數較多。在這種情況下，由於參與金融市場（金融機構）的人數較多，交易次數較多，每筆交易量較大，所以單位交易量所負擔的成本較低。金融市場（金融機構）是成本效率的（Cost-effective），即利用金融市場（金融機構）的收益超過金融市場（金融機構）的參與成本，金融市場（金融機構）因而得以形成。也就是說，在金融市場（金融機構）的形成上存在著「門檻效應」（Threshold Effect）。只有當經濟發展到一定階段之後，金融市場（金融機構）才得以形成。對一國而言，金融機構和金融市場形成之後，其發展水平會隨著該國國內外條件的變化而變化。這也是金融機構和金融市場的發展水平在不同國家或同一國家不同時期之所以不同的原因。

格林伍德和約萬諾維奇（Jo-vanovic）、格林伍德和史密斯以及萊文（Levine）在各自的模型中引入了固定的進入費或固定的交易成本，借以說明金融

機構和金融市場是如何隨著人均收入與人均財富的增加而發展的。在經濟不發達階段，人均收入和人均財富很低，人們無力支付固定的市場進入費，或者即使有能力支付也因爲交易量太小、每單位交易量所負擔的成本過高而得不償失，從而不願去利用金融機構和金融市場。由於缺乏對金融服務的需求，金融服務的供給無從產生，金融機構和金融市場也就不存在。

但是，當經濟發展到一定階段以後，一部分先富裕起來的人的收入和財富達到一定的臨界值後，願意去利用金融機構和金融市場，即願意去支付固定的進入費。這樣，金融機構和金融市場就得以建立起來。隨著時間的推移和經濟進一步發展，收入和財富達到臨界值的人越來越多，利用金融機構和金融市場的人也越來越多，使得金融機構和金融市場不斷發展。最終，當所有人都比較富裕，都能從金融服務中獲益時，金融部門的增長速度就不再快於經濟中的其他部門了。

萊文擴展了上述觀點。在其模型中，固定的進入費或固定的交易成本隨著金融服務複雜程度的提高而提高。在這種框架下，簡單金融體系會隨著人均收入和人均財富的增加而演變爲複雜的金融體系。萊文指出，投資銀行之類的複雜金融機構之所以形成，是因爲它們能對生產過程進行調查並把資源調動起來以充分利用有利的生產機會。如果人均收入很高，當事人就會選購包括調查廠商、論證項目和調動資源等在內的金融服務以充分利用投資機會。如果人均收入不高，當事人就會發現這些金融服務帶來的額外收益不足以抵償成本，從而不去購買這些金融服務；相反，如果他們滿足於現有的簡單金融機構（其功能僅限於降低交易成本），在這種情況下，金融機構就得不到發展。

三、金融市場和金融機構的發展對經濟增長的影響

當代金融發展理論的最核心部分在於對金融機構和金融市場作用於經濟增長的機制做出全面、規範的解釋。本書借用帕加諾（Pagano）的簡易框架來概括地加以介紹。以內生增長模型——AK模型爲例，其中總產出是總資本存量的線性函數：

$$Y_t = AK_t \tag{1}$$

爲簡單起見，假設人口規模不變，並且只生產一種商品，這種商品可以被用於投資或消費（如果被用於投資，每期以日的比率折舊），則總投資爲：

$$I_t = K_{t+1} - (1 - \partial) K_t \tag{2}$$

在一個沒有政府的封閉經濟中，資本市場的均衡條件是：總儲蓄 S_t 等於總

投資 I_t。假設金融仲介成本的存在使 $1-\varphi$ 比例的儲蓄在金融仲介過程中流失掉，則：

$$\varphi S_t = I_t \tag{3}$$

根據式（1），$t+1$ 期的增長率是：$g_{t+1} = Y_{t+1}g_{t+1} = Y_{t+1}/Y_t - 1 = K_{t+1}/K_t - 1$。利用式（2）並去掉時間下標，穩定狀態下的增長率可寫為：

$$g = A\frac{I}{Y} - \partial = A\varphi S - \partial \tag{4}$$

下面，我們利用資本市場的均衡條件式（3），並把總儲蓄率 S/Y 定義為 s。因此，根據式（4）金融體系可以通過影響小（儲蓄被轉化為投資的比例），φ（資本的邊際社會生產率）或 s（私人儲蓄率）來影響增長率 g。具體來說：

（1）金融機構和金融市場的發展，提高了金融資源的使用效率，使得更高比例的儲蓄被轉化為投資，從而促進經濟增長。

金融體系的第一種重要功能是把儲蓄轉化為投資。在把儲蓄轉化為投資的過程中，金融體系需要吸收一部分資源，從而 1 美元的儲蓄只能帶來少於 1 美元的投資。剩下的以存貸利率差的形式流向銀行，以佣金、手續費等形式流向證券經紀人和交易商。

當然，隨著金融體系的發展，金融部門所吸收的資源將逐漸減少，使式（4）中的 φ 提高，從而使增長率 g 提高。

（2）隨著金融機構和金融市場的發展，資本配置效率的提高促進了經濟的增長。

在上述框架中，金融體系可以通過三種方式來提高資本生產率 A，從而促進經濟增長。①收集信息，以便對各種可供選擇的投資項目進行評估；②分散風險，以促使個人投資於風險更高但更具有生產性的技術；③促進創新活動的開展。格林伍德和約萬諾維奇把金融仲介的信息作用和生產率提高聯繫起來。在他們的模型中，資本可被投資於收益低的安全技術或收益高的風險技術。風險技術的收益包括兩個隨機擾動項：總體衝擊和項目特定的衝擊（Project-specific Shock）。與單個投資者不同，擁有大量資產組合的金融機構可以完全化解總體衝擊。因此，金融機構可以選取最適於化解當前所面臨的現實衝擊的技術，提高資本的配置效率，而更高的資本生產率將帶來更高的經濟增長率。金融機構能夠為投資者分擔風險，這將影響投資者的投資選擇和儲蓄行為。當然，這種分擔風險的作用，不僅僅限於保險市場。在銀行和證券市場上，個人可以分擔由特異衝擊（Idiosyncratic Shock）帶來的不可保險的風險以及由資產

收益的易變性帶來的可分散的風險。

如果沒有銀行，家庭只能通過投資於能隨時變現的生產性資產來防範特異的流動性衝擊，從而常常放棄更具有生產性但流動性更差的投資項目。而在銀行出現以後，這個問題便迎刃而解。銀行把存款人的流動性風險匯集在一起，並把大部分資金投向流動性更差但更具有生產性的項目，同時，銀行所持有的流動資產的數量不必超過那些遭到流動性衝擊的家庭的預期取款。

除了銀行，消費者也可以通過金融市場來分散流動性風險。萊文認爲，消費者個人可以通過在股票市場上出售股票而不是從銀行取款來緩解特異的流動性衝擊，同時，股票市場也允許當事人通過證券組合來降低收益率不確定帶來的風險（即收益率風險）。股票市場的這種雙重保險功能促使人們更加願意投資於流動性更差但更具有生產性的項目，也避免了不必要的投資終止。所以，股票市場的建立和發展有助於投資生產率與經濟增長率的提高。

金和萊文在其建立的內生增長模型中，以企業家精神（或創新活動）爲紐帶把金融和經濟增長聯繫起來。他們認爲，金融和創新的聯繫是經濟增長中的關鍵因素。這是因爲，金融體系可以提供四種服務：①對投資項目進行評估以甄別出最有前途的項目，尤其是評估潛在企業家的項目需要支付相當大的固定成本，而金融體系既能勝任這項工作又能負擔這種成本；②投資需要大量的資金，這需要把許多小儲蓄者的資金聚集在一起，金融體系能夠有效地做到這一點；③嘗試創新的結果是不確定的，金融體系能夠爲個人和企業家提供分散風險的便利；④生產率的提高要求個人從事有風險的創新活動而不是因循守舊，創新的預期報酬是創新者作爲行業中的佼佼者而佔有的利潤，金融體系能夠準確地披露這些預期利潤的現值。凡此種種，都有助於經濟的增長。

（3）金融機構和金融市場通過改變儲蓄率以促進經濟增長。

隨著金融市場的發展，家庭能更好地對禀賦衝擊（Endowment Shocks）進行保險和對收益率風險進行分散，同時更易於獲得消費信貸。金融發展也使廠商所支付的利率和家庭所收取的利率之間的差距縮小。這些因素都對儲蓄行爲產生影響，但在每一種情況下的效應都是不明確的。

四、評價

（一）現實意義

1. 金融機構和金融市場在不同經濟發展階段具有不同的作用

在金融機構和金融市場的內生模型中，金融機構的形成條件比金融市場寬

松。在經濟不發達時，人均收入很低，人均財富很少，人們沒有能力組建金融市場，以緩解信息成本和交易成本帶來的不利影響。只有當經濟發展到一定階段、人均收入和人均財富達到某個臨界值之後，人們才有能力和動機去參與金融市場，金融市場才得以形成。

在經濟發展的早期階段，金融市場和金融機構的關係是互補的。在這一階段，金融機構不必擔心金融市場和它們爭奪有限的資源。經濟社會中存在著大量潛在的儲蓄資源，金融市場的發展在很大程度上歸因於對這些潛在儲蓄資源的挖掘，金融機構中的資源非但沒有被撤出，相反，金融機構還可以從這種挖掘中獲取部分好處。另外，在這個階段，金融機構相對於金融市場而言效率較高。所以，在不存在外來干預的情況下，金融機構在和金融市場的競爭中往往能夠勝出。因此，在這一階段，機構主導型的金融體系效率較高。

隨著經濟的發展，金融市場發展到一定程度之後，整個社會的潛在儲蓄資源基本上被挖掘殆盡。此時，金融市場的進一步發展意味著儲蓄資源從金融機構轉移至金融市場。而且，在經濟發展的高級階段，金融的對外開放程度一般較高，境內企業可以到境外上市、發行股票和債券，金融服務的國際化在一定程度上彌補了國內金融體系的不足。此時，機構主導型的金融體系和市場主導型的金融體系在效率上難分伯仲。

2. 政府可以爲消費者和生產者提供流動性資產

在經濟活動中，不僅消費者需要流動性，生產者也需要流動性。金融機構和金融市場（資本市場和貨幣市場）可以爲當事人提供流動性，滿足他們對流動性的需要。政府也可以通過發行國債和對國債市場進行干預來影響經濟領域中流動資產的數量，從而滿足或控制人們對流動性的需要。

3. 實現金融自由化的先決條件

當代金融發展理論認爲，金融自由化需要良好的宏觀經濟環境和微觀基礎作爲先決條件，包括穩定的物價、嚴格的財政紀律、公平的稅收制度、有力的金融監管以及以利潤爲動機且相互競爭的商業銀行。

4. 發展中國家和轉型國家的金融發展路徑

發展中國家和轉型國家通常不具備金融自由化所需的先決條件，所以金融自由化對它們而言是不適宜的。它們必須另闢他途，而金融約束就是一種可行的選擇。根據前文所述，金融約束實際上是通過對存款利率和貸款利率加以控制、對進入加以限制和對來自資本市場的競爭加以限制等一系列政策，爲金融部門和生產部門製造租金機會，從而爲這些部門提供必要的激勵，促使它們在追逐租金機會的過程中把私人信息並入配置決策中，從而緩解了那些有礙於完

全競爭的與信息有關的問題。這裡的租金不是指無供給彈性的生產要素的收入，而是指收益中超出競爭市場所能產生的部分。當然，金融約束是有條件的。①宏觀經濟環境必須穩定，如通貨膨脹率較低並且可以預測；②實際利率必須爲正。所以，對發展中國家或轉型國家來說，在暫不具備金融自由化條件的情況下，可以先行考慮推行金融約束，以求金融發展。金融約束在金融抑制和金融自由化之間架起了一座橋樑，這符合漸進式的改革思路。

（二）理論缺陷

（1）當代金融發展理論對金融機構的研究集中於商業銀行，主要研究了商業銀行是如何形成和發展的以及商業銀行在經濟增長中的作用，而對其他類型金融機構的相關問題涉足較少。由於諸如養老基金、共同基金、投資銀行、保險公司和證券公司之類的金融機構在經濟生活中發揮著越來越重要的作用，這些金融機構在金融體系中的份額不斷上升，其發展水平直接影響到有關國家的經濟實力，因此，忽視這些金融機構的研究是不完全的。

（2）當代金融發展理論家在論述金融機構和金融市場的分散風險功能時，沒有涉及保險市場的功能，也沒有區分金融體系和保險市場的功能（就分散風險而言）。

（3）信用評級機構和投資諮詢公司在金融領域中的作用不容低估，但當代金融發展理論無視這些重要機構的存在，這不能不說是它的缺憾。由於這些機構的存在與否及發達程度在一定程度上反應了一個國家金融體系的複雜程度和創新程度，所以理論和實證研究都不應該忽視它們的存在，應該把它們涵蓋進去。

第五節　系統動力學理論及其應用

一、系統動力學的形成與發展

系統動力學的出現始於 1956 年，其創始人爲美國麻省理工學院的福瑞斯特教授。它綜合應用信息論、控制論和決策論等有關理論和方法，建立系統動力學模型，以電子計算機爲工具，進行仿真實驗，所獲得的信息用來分析與研究系統的結構和行爲，爲正確決策提供科學的依據，是研究複雜大系統運動規律的理想方法。

20 世紀 50 年代後期，系統動力學逐漸發展成爲一門新的領域。初期它主

要是應用於工業企業管理，處理諸如生產與管理情況的變動、市場股票與市場增長的不穩定性等問題。

20世紀70年代系統動力學進入蓬勃發展時期，以福瑞斯特教授為首的美國國家模型小組，將美國的社會經濟作為一個整體，成功地研究了通貨膨脹和失業等社會問題，第一次從理論上闡述了經濟學家長期爭論不休的經濟波動的產生。這一成就受到西方的重視，也使系統動力學於20世紀80年代初在理論和應用研究兩方面都取得了飛躍發展。目前系統動力學正處於一個蓬勃發展的時機，其自身的理論、方法和模型體系仍在向深度和廣度上發展。

中國對系統動力學的研究始於20世紀80年代初期，比美國約晚25年，比日本約晚15年。但系統動力學的發展速度快，目前中國對SD理論和應用研究已經進入世界水平的行列。在理論研究方面，王其藩、俞金康、許慶瑞、吳建中等學者自20世紀80年代初期開始研究系統動力學，王其藩教授分別於1985年和1995年出版了《系統動力學》和《高級系統動力學》，更全面、系統地闡述了系統動力學的理論和方法，取得了一系列成就。

概括地講，系統動力學是一門分析研究信息反饋系統的學科，也是一門認識系統和解決系統問題的交叉綜合學科。從系統方法論來講，系統動力學是結構的方法、功能的方法和歷史的方法的統一。它基於系統論吸收了控制論、信息論的精髓，是一門綜合自然科學和社會科學的橫向學科。系統動力學從一種宏觀的視角來思考、解決問題，避免因微觀的角度而局限於片面的思考，並且透過模擬的方式來探討問題，由不同的變數與情境來觀察其結果的變化，借以達到分析問題的目的。

二、系統動力學的適用性分析

系統動力學模型可以作為各種實際系統特別是社會、經濟、生態等複雜大系統的「戰略與政策實驗室」。系統動力學的建模過程就是一個學習、調查研究的過程。該模型主要在於向人們提供一種學習與政策分析的工具，並使決策群體和整個組織逐步成為一種學習型與創造型的組織。經過半個世紀的發展，系統動力學已經形成了完整的學科體系，為解決非線性的具有多重反饋結構的複雜系統提供了方法論指導。

目前，對產業結構調整中金融支持的研究較少。在這些研究中，主要以定性分析為主或者是以金融與產業結構的關係研究為主，缺乏整體系統的定量分析。實際上，我們注意到，產業結構調整系統是一個開放的、非線性的複雜的

大系統，產業結構的演化是各種因素相互作用的過程。產業結構調整需要系統中的各個要素的協調發展。採用一般的評價方法，如果忽略系統中各個要素之間的相互作用關係，那麼將難以較準確地對其進行分析和預測，也難以反應系統發展的動態效果。基於產業結構調整中金融支持系統具有結構性、整體性和運動性等特徵，筆者認爲，運用系統動力學方法研究產業結構調整中的金融支持具有可行性。

第六章　產業結構調整中金融支持的作用機制

　　金融是現代經濟的核心，其本質是在儲蓄者與投資者之間建立橋樑，提供資金由盈餘部門向短缺部門轉化的渠道。金融資源的配置對宏觀經濟運行狀況和微觀企業的運行效果有著直接的重大影響，在產業結構調整中發揮著至關重要的作用。產業結構的調整、升級、轉化離不開金融的支持與協同發展。金融作爲經濟發展的助推器，可以減少信息交易成本、提高儲蓄——投資轉化率、改善經濟運行環境。不管是優勢產業的發展壯大，還是傳統產業的升級改造或平穩退出，都需要有健全、完善、便捷的金融服務。金融的作用滲透於其他經濟因素之中，通過需求、供給和宏觀政策等方面對產業結構的調整產生影響。[1]

第一節　金融推動產業結構調整的過程

　　一般而言，產業結構的調整有兩種基本方式：一種是存量結構調整。既可能是隨著供求結構、相對價格結構等內生因素變動而發生的常規調整，也可能是計劃者根據一定的價值目標對產業結構失衡做出的積極的適應性反應，調整對象是既定的總存量體系。另一種是增量結構調整。一般是對一定的存量結構基礎上發生的流量及其變動幅度、速度和方向的調整與控制。金融市場最本質的功能就是融通資金和資源配置，爲相應的企業和產業提供融通資金服務，從供給方面影響產業結構的調整；同時，可以通過影響產業的需求結構，從而影響資源的配置和產業結構的調整。

---

[1] 傅進，吳小平. 金融影響產業結構調整的機理分析 [J]. 經濟與金融，2005（2）.

一、金融政策與貨幣政策

在中國，不少的貨幣銀行學教科書中有一種流行的提法：貨幣政策就是金融政策。其實，這種提法是不準確的。金融政策是國家在金融領域中所採行的各種方針和政策措施的總稱。金融政策的內容是十分豐富的，它包括貨幣政策、信貸政策、利率政策、儲蓄政策、銀行政策、外匯政策和黃金政策等。顯而易見，貨幣政策與金融政策不是平行關係，而是種屬關係。①

當然，在金融政策體系當中，貨幣政策有著舉足輕重的地位。貨幣政策在金融政策以及國民經濟中的地位與經濟體制有著密切的關係。在高度集中的計劃經濟體制下，金融資源由計劃配置，貨幣政策的作用是微不足道的；在成熟的市場經濟體制下，資源由市場機制配置，貨幣政策在宏觀經濟政策方面發揮著巨大的作用。毫無疑問，貨幣政策既是整個金融政策體系的基礎，又是金融政策的歸宿。貨幣政策、信貸政策、利率政策、儲蓄政策、銀行政策、外匯政策和黃金政策等都是爲貨幣政策及其目標的實現服務的。但是無論如何，貨幣政策畢竟只是金融政策的有機組成部分之一而不是金融政策的全部。本書即採用上述定義的金融政策。

二、金融政策的作用過程

根據美國經濟學家米什金的總結，政府的金融政策影響社會總產出的方式，即作用過程一般可分爲三類：第一類通過投資支出起作用，第二類通過消費支出起作用，第三類通過國際貿易起作用。第一類包括：①凱恩斯學派關於利率對投資的效應，即貨幣渠道；②托賓的 Q 理論，即通過對普通股價格的影響而影響投資支出；③信貸渠道，即公開購買等貨幣工具增加了銀行貸款的可供應量，貸款的增加引起投資（或消費）支出的增加；④非對稱信息效應，即逆向選擇和道德風險問題會因金融政策而變化，從而影響貸款的獲得即投資。第二類包括：①利率對耐用消費品支出的影響；②財富效應；③流動性效應。②

實踐中爭論比較大的問題是，金融政策中的貨幣政策對總需求和總產出的

---

① 崔建軍. 貨幣政策十大理論問題辨析 [J]. 中央財經大學學報，2004 (5).
② 北京天則經濟研究所宏觀課題組. 疏通傳導渠道改善金融結構——當前中國宏觀經濟分析 [J]. 管理世界，2001 (2).

影響是通過貨幣渠道還是信貸渠道而起作用。根據北京天則經濟研究所宏觀課題組（2001）的研究成果，所謂貨幣渠道和信貸渠道的劃分，主要是基於從銀行資產負債表的負債方還是資產方來討論。當然，二者實際上並非一定互相排斥，如擴張型的公開市場操作，既能增加貨幣供給也能增加貸款數量。此時，貨幣渠道和信貸渠道都在起作用。

（一）貨幣傳導機制中的貨幣渠道

在古典理論中，貨幣供給、貨幣需求等名義變量與產出、就業等真實變量是分屬於兩個理論體系和兩個分析範式的。凱恩斯將這兩個體系聯繫在一起，這也是宏觀經濟學得以確立的基礎。因此，通過調節貨幣供應量來調節市場利率，以影響私人的投資和消費，並使就業和產出等宏觀變量達到合意的水平，便成為政府調節經濟運行的一種重要手段。不過，貨幣政策究竟如何影響市場利率以及影響何種市場利率，卻一直存在著很大的爭議。一般認為，貨幣供應量的變動影響公眾對於貨幣與債券這兩種資產的組合；如果貨幣與債券之間不存在充分的替代性，那麼貨幣供應量的變動就會影響債券的價格，從而改變債券的市場利率。比如，中央銀行在公開市場上拋售債券並收回貨幣，這時貨幣供應量的減少通常會使債券的市價下跌和利率上升，而公眾為放棄持有較為稀缺的貨幣資產，將要求獲得更高的報酬，致使貨幣的利率上升。這樣，企業為融資將要支付更高的成本。

這種通過貨幣供應量的變動改變公眾對貨幣與債券的持有狀況，從而影響債券市場利率的貨幣政策，其傳導機制稱為「貨幣渠道」；而堅信此種傳導機制唯一發揮作用的觀點，則稱為「貨幣觀點」。就該觀點而言，銀行的存在並非是必需的。然而，現實中銀行也不像理論模型中刻畫的那樣只將債券作為資產；相反，它持有更多的是貸款形式的資產。與此相適應，企業不僅從債券市場中融資，而且可將貸款作為負債。在這種情況下，無論是對於銀行還是對於企業，貨幣觀點賴以確立的必要條件是：債券與貸款是可以充分替代的。比如，當中央銀行採取措施「抽干」商業銀行的儲備時，銀行只會變動其債券資產的持有量，而不影響它的貸款供給；或者當企業發覺貸款的供給減少時，能夠無摩擦和無成本地改變其融資方式，通過轉向債券市場而獲得所需的資金。

這樣，在上述必要條件得以滿足的情形下，即使商業銀行存在，也不會動搖貨幣觀點的基礎。

貨幣觀點充分體現在經典的 IS-LM 模型之中。該模型可簡述為：

$$M\ (d) = D\ (i, y) \tag{1}$$

$$M(s) = M(d) \quad (2)$$
$$y = Y(i) \quad (3)$$

（1）式表明，貨幣需求［M（d）］取決於國民收入（y）和債券利率（i）；（2）式說明貨幣需求等於貨幣供給［M（s）］，即貨幣市場達到均衡狀態；（3）式則表示國民收入是利率的函數。（1）式和（2）式共同構成 LM 曲線，即貨幣市場均衡曲線；（3）式則構成 IS 曲線，即商品市場均衡曲線。顯然，當貨幣供給量在貨幣當局的操縱下發生變動時，只有 LM 曲線會隨之發生移動，並由此影響均衡國民收入和債券市場利率（如圖 6-1 所示）。

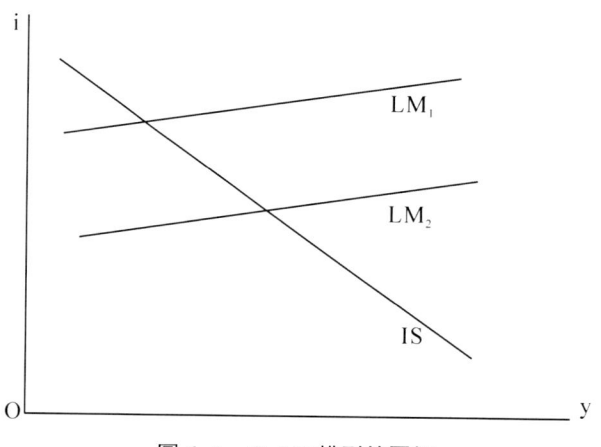

圖 6-1 IS-LM 模型的圖解

根據 IS-LM 模型，貨幣政策在以下兩種情形下是無效的：一是私人自發性支出對債券利率不敏感，此時，IS 曲線呈垂直狀（即投資陷阱）；二是貨幣與債券可以充分替代，此時，LM 曲線呈水平狀（即流動性陷阱）。

企業對於債券與貸款這兩種負債能夠進行充分替代，僅僅發生於莫蒂利亞尼（Modigliani）和米勒（Miller）所刻畫的理想世界（即 M-M 定理）之中。根據 M-M 定理（也稱為不相關定理），如果在金融市場中信息是對稱的，沒有資本的交易成本與稅賦，企業無論以負債籌資還是以權益資本籌資都不影響企業的市場總價值，即如果企業偏好債務籌資，債務比例相應上升，企業的風險隨之增大，進而反應到股票的價格上，股票價格就會下降，企業從債務籌資上得到的好處會被股票價格的下跌所抹掉，從而導致企業的總價值（股票加上債務）保持不變。根據該定理，企業以不同的方式籌資只是改變了企業的總價值在股權者和債權者之間分割的比例，而不改變企業價值的總額。

顯然，現實世界遠離了該定理所依據的理想背景。首先，企業本身就與銀行共同構成了所謂的「顧客市場」。銀行對於其客戶的風險類型、財務狀況等

擁有專業化的「知識」，而且這種知識不為其他銀行所充分掌握。因此，儘管信貸市場在通常的意義上是競爭性的（即自由進入，有許多買者和賣者），但是在短期內，貸款人將視不同的借款人為不充分的替代品，借款人也將用相同的態度對待不同的貸款人。從某種意義上講，銀行為保有儲備而支付成本的情況下能夠生存，就在於它擁有甄別借款人的專業化的知識和信息，同時可以有效地防止競爭者在信息獲取上的「搭便車」行為。其次，雖然有些大公司具備從多種渠道獲取資金的能力，但是對於眾多中小企業而言，從信貸市場無摩擦地轉向債券市場只是一種奢望。因此，從整體上看，總會存在相當數量的企業依賴銀行進行融資。美國著名的大陸銀行（Continental Bank）瀕臨倒閉並最終由政府幫助其擺脫困境期間，其客戶的股票價格完全隨著該家銀行的不同處境而發生變動。這就表明，即便是較大的公司，也不能全然無成本地變換它的融資方式。最後，當某家企業由於銀行的信貸配給未能獲得相應的貸款而轉向債券市場融資時，不是被索取更高的利率，就是被投資者拒絕。這是因為投資者基於如下推測和判斷：銀行優先擁有該客戶的知識和信息，故未從信貸配給中獲得貸款的廠商，大抵是一個「壞的」風險借款人（Blinder, Stiglitz, 1983）。

此外，從貨幣觀點中還可以引出有價證券的財富效應。當貨幣當局變動基礎貨幣的投放量時，不僅可以通過市場利率的變動調節私人自發性支出，而且可以通過證券價格的變動改變證券持有者的資產（財富）總值，從而直接影響其消費支出、抵押貸款和投資。不過，財富效應的發揮必須以價格黏性為條件，即當證券價格變動（提高）時，商品價格不能即時做出調整，使得一定時期內證券持有者的真實財富增加，否則，證券價格變動只能影響其持有者的名義財富。

（二）貨幣傳導機制中的信貸渠道

與貨幣觀點相對應的信貸觀點的核心思想是：貨幣當局可以通過特定政策的實施改變銀行的貸款供給，從而通過貸款（市場）利率的升降，最終影響總產出等真實變量。這種傳導機制被稱為「信貸渠道」。

一般來說，銀行擁有儲備、債券、貸款三種資產形式。當貨幣當局在公開市場上拋售債券時，起初銀行持有的債券與儲備以相同的數量增減（假設銀行的負債保持不變）；在債券與貸款不充分替代的情況下，儲備的減少將降低貸款的供給。相反，如果銀行通過債券的變動長期維持原有的儲備量，或者發行存款單（CD）等銀行債券（這意味著銀行債券淨資產的減少），以增補銀行的儲備資產，那麼，貸款的供給將不受這種貨幣政策的影響，而且信貸渠道

的作用也將會消失。然而，通常債券利率低於貸款利率，銀行對於債券資產的持有主要服從於流動性的需要。這樣，收益性與流動性的權衡可以導出銀行債券持有量的最優解（Kashyap，Stein，1994）。此外，通常存款單發行的邊際成本是遞增的。所以，在現實中，貨幣當局對於銀行儲備的衝擊往往能夠程度不同地影響貸款的供給。這一點得到了有關經驗研究的證實。伯南克和布林德（Bernanke，Blinder，1992）研究發現：當實施緊的貨幣政策時，銀行資產隨著銀行負債的減少而下降；在開始的6個月，資產的下降幾乎全部集中在證券上；隨後證券持有量開始逐漸復原，貸款開始下降；兩年後，存款的減少幾乎全部反應在貸款的降低上面。

在證券市場與信貸市場均衡發展的經濟中，貨幣渠道和信貸渠道會共同發揮作用。換言之，實際總產出等真實變量受到證券利率和貸款利率的共同影響，而且這兩種利率並非總是一致的。顯然，如果在「貨幣觀點」的理論框架中加入信貸渠道，就會導出一些新的見解。首先，貨幣創造主要依靠銀行這一金融仲介的存貸業務，在貨幣當局投放基礎貨幣給定的條件下，貨幣供應量的多少取決於貨幣乘數，而後者則直接由信貸渠道及其效應決定。其次，債（證）券市場利率的高低已不能準確反應貨幣政策的性質和效力；換言之，貨幣政策能夠在公開市場利率不變或者變化不大的情況下，對投資和總的經濟活動產生重要作用。再次，貨幣政策不再僅限於貨幣當局對基礎貨幣的調控及其對銀行儲備的衝擊，任何能夠影響貸款供給的政策均會有程度不同的影響。最後，信貸渠道的存在意味著貨幣政策具有分配效應，這在貨幣唯一觀點的背景下是不會出現的。由於中小企業通常依賴銀行貸款，如信貸渠道的作用變得更強，緊的貨幣政策所需支付的「成本」則會不成比例地施加在較小企業上。

伯南克和布林德（Bernanke，Blinder，1988）將貸款供求函數引入經典的IS-LM模型，構建了含有貨幣渠道與信貸渠道的CC-LM模型。該模型的圖式由CC曲線和原來的LM曲線構成（如圖6-2所示）。[①] 前者是指商品—信貸曲線（Commodity-credit Curve），它在原有反應商品市場均衡的IS曲線上引入了信貸市場的均衡。這樣，貨幣當局對於基礎貨幣投放的變動，在通常情況下將會引起這兩條曲線同時發生移動。重要的是，松的貨幣政策雖然可以使真實國民收入增加，但是公開市場上的債券利率卻未必會下降。這是因為，在LM曲線發生右移的同時，由於貸款供給增加，CC曲線亦向右側移動。

---

① 北京天則經濟研究所宏觀課題組.疏通傳導渠道改善金融結構當前中國宏觀經濟分析[J].管理世界，2001（2）.

图 6-2　CC-LM 模型图解

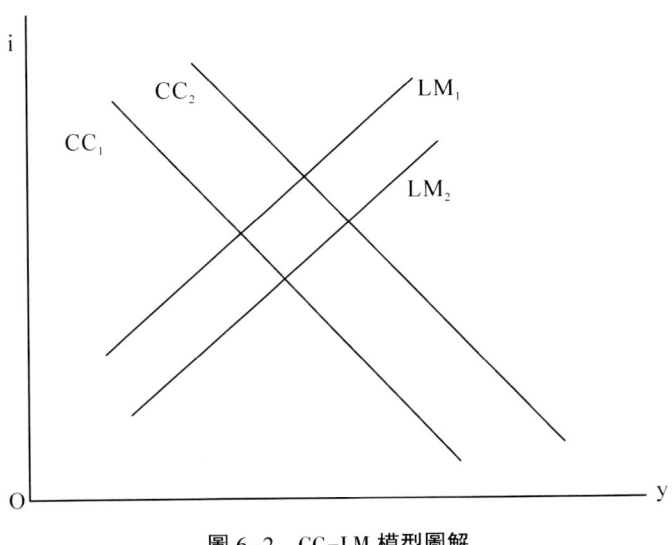

對於借款人來說，假如債券與貸款是充分替代的，或者商品需求對於貸款利率是不敏感的，CC 曲線便還原為 IS 曲線（即還原為貨幣觀點）。在極端情況下，當貨幣與債券可以充分替代時，LM 曲線則呈水平狀，即通常所謂的「流動陷阱」。不過，即使在流動陷阱下，貨幣政策仍將發揮作用，因為它使 CC 曲線發生右移（即形成信貸觀點）。

第二節　產業結構升級金融支持的作用機制

金融作為儲蓄和投資的仲介，它為資金需求方和資金供給方提供了有效的營運平臺，大大減少了融資過程中的摩擦及其搜尋成本，提高了資金的使用效率。作為重要的經濟部門，金融部門通過對社會資金的再分配影響了各種生產要素的配置進而作用於相應行業或產業的產值，從而導致其在經濟中的相對比重發生變化，最終達到影響產業結構的目的。金融影響產業結構的路徑可以簡要表示為：金融—儲蓄、投資—影響資金流量—影響生產要素分配—影響資金存量—影響產業結構。即金融活動主要作用於資金分配，進而作用於與其相關的生產要素分配；而在資金存量與資金流量的相互作用中，它首先作用於資金

流量,其次作用於資金存量。經濟金融化程度越高,這一傳遞過程就越明顯、有效。[1]

一、產業結構升級間接金融的作用機制

間接金融調整產業結構升級的方式主要是增量調整方式。其運作主體是以銀行爲主的信貸市場。它通過資金形成機制、利益競爭機制、信用催化機制和供求調節機制對產業結構升級產生影響。

(一) 資金形成機制

間接金融仲介通過儲蓄將大量的資本積聚起來,這爲其轉化爲投資提供了條件。金融仲介的存在一方面使得儲蓄轉化爲投資的信息成本、交易成本等大幅降低,提高了資金的使用效率進而增加了資金的絕對水平;另一方面,由於經濟個體的風險承受能力、經驗管理能力以及資金運用差異,並不是所有的資金擁有者都會充當生產者的角色。金融仲介重新安排了全社會的儲蓄和投資的總水平,使社會資金的運作更有效率。

(二) 利益競爭機制

以銀行爲主的間接金融機構屬於商業性金融機構。它通過利益競爭機制來實現對資本的導向作用,進而優化資源配置,促進產業結構升級。

商業性金融機構根據其本身固有的利益性、流動性、安全性特徵必然會對競爭性行業進行篩選。對於成長性好、投資收益高、抵禦風險能力高的產業、企業和項目進行金融資源的供給,鼓勵其發展。對於成長性差、投資收益與抵禦風險能力低的產業、企業和項目進行「歧視性」待遇,限制對其的金融資源供給。這使得資金運行效率大大提高。

(三) 信用催化機制

商業性金融能通過貨幣量的擴大,即信用創造,加速資本形成,把潛在的資源現實化,促進生產效率的提高,催化和加速產業結構調整與經濟總量增長。在信用催化機制的作用下,資金投向以資金的增值返還爲出發點,選擇具有一定超前性以及有廣泛的前向、後向和旁側擴散效應的產業項目進行投資,而不再局限於已存在明顯效益的產業或項目,促進了主導產業和相關產業的成長,加速了產業結構體系的構建與調整。

---

[1] 傅進. 產業結構調整中的金融支持問題研究 [D]. 南京:南京農業大學,2004.

（四）供求調節機制

金融仲介作爲生產性服務業和生活性服務業的綜合體，它通過對生產貸款和消費貸款來影響資本流量。銀行信貸作用於產業結構調整的方式是增量調整方式。一方面，金融仲介通過發放生產性貸款，從供給角度爲相應的產業或項目提供資金支持，從而促進這些產業或項目的發展；另一方面，金融仲介通過消費信貸來鼓勵居民對某種產品的跨期消費，從而影響了不同產業之間的當期消費比例，促成產業結構需求方面的變化，即鼓勵居民對於某一特定產品的消費。也就是說，銀行等金融仲介通過從供給、需求兩個角度來調整社會供需進而影響產業結構。

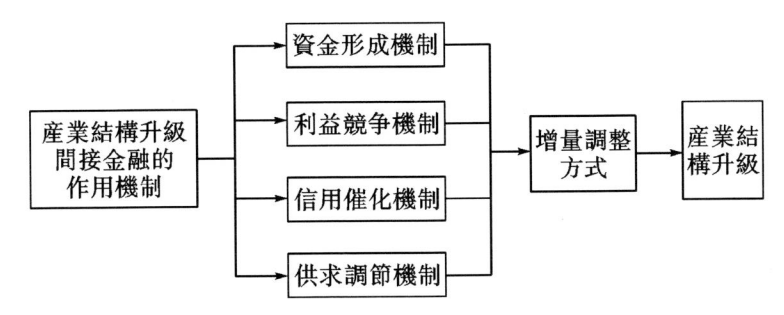

圖 6-3　產業結構升級間接金融的作用機制

二、產業結構升級直接金融的作用機制

直接金融的主體是債券市場和股票市場。鑒於中國債券市場只存在國債和地方債，不存在企業債，本書研究對象僅指股票市場。股票市場通過首發上市機制、股東選擇機制、自發調整機制、參股控股機制以及借殼上市機制來實現上市公司的優勝劣汰進而影響產業結構。

（一）首發上市機制

一級市場通過上市門檻和上市程序的設定對公開上市公司進行篩選。證券市場將上市企業巨大的資金需求量人爲地劃分爲等面值小額憑證，這就使得市場上的資金持有者無論其資金量多少都可以進行股份的認購。證券市場的這一功能廣泛地動員了社會閒置資金向投資的轉化，一定程度上解決了產業資金短缺的問題，從增量調整的角度上作用於產業結構。

（二）股東選擇機制

二級市場上的投資者對投資方向的選擇也有助於產業結構的增量調整。投

資者是追求經濟利益的主體。股票市場上充斥著各類投資機構的評價以及上市公司信息的強制披露，這使得投資者必然會對其手中持有的股票進行選擇：拋售低收益、成長性差的股票，購入收益高、成長性好的股票。結果對於整個經濟體而言，具有發展潛力的產業由於具有充足的資金來源其發展速度較快；不具有發展潛力的產業由於缺乏資金來源其發展速度較慢甚至得不到發展。

（三）自發調整機制

股份制企業經營的出發點和落腳點就是股東價值的最大化，為股東創造利潤，實現資產的保值和增值。在市場約束下，企業會自動收縮甚至停止那些市場不景氣產品的生產，生產或擴大生產那些市場前景好的產品。這便實現資產存量在企業內部的部門轉移。

（四）參股控股機制

在證券市場中，為了跨部門投資構建合理的投資結構，或是在業務上建立聯繫，企業間採取相互參股的形式。在股票市場上，企業間的參股、控股的過程也就是股權轉移的過程，其實質是資源的企業間流動，從而最終實現產業結構的存量調整。

（五）借殼上市機制

在資本市場中，股票價格的高低，反應了公司的經營現狀和對公司未來發展的預期。如果企業經營不善，主要產品或服務沒有發展前景，股票價格就會下跌。當降低到一定程度時，企業會出現資不抵債的狀況，企業就會倒閉、破產。通過一定的法律程序和途徑，這些企業的剩餘財產會被其他企業收購，收購企業便可以借殼上市。這時資源就實現了流動和重新組合，實現了產業結構的存量調整。

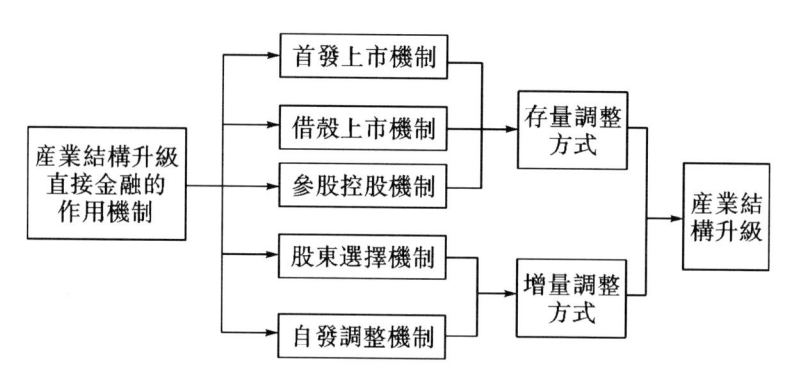

圖 6-4　產業結構升級直接金融的作用機制

三、產業結構升級政策性金融的作用機制

(一) 政策性偏好機制

與商業性金融機構的逐利性不同，政策性金融對投資領域、行業或部門的選擇有著明確的政策性偏好。政策性金融的作用主體是市場機制不予選擇或滯後選擇或無力從事、單純依靠市場機制的自發作用不能得到充分發展的領域、行業或部門。政府通過行政機制由政策性金融傾斜性地選擇它們，促進這些市場經濟中的薄弱環節得到發展。政策性偏好主要表現在：對高新技術等市場風險較高的領域進行倡導性投資；對投資回收期過長、收益低的項目進行長期融資，補充商業性金融的不足；對於成長中的扶植產業提供優惠利率放款投資等。

(二) 政策性導向機制

政策性金融的功能主要體現在對資金導向的倡導機制與矯正補充機制。一方面，政府通過一般性貨幣政策工具，調整貨幣供應量，爲實施產業結構調整政策提供一個迫使舊的產業結構發生松動、淘汰、改組與發展的宏觀氛圍，爲產業結構調整創造先決條件；同時，通過區別對待的利率政策，對不同的產業、行業和企業進行鼓勵或限制，或採用信貸選擇政策，由中央銀行根據產業政策進行信貸配給或行政指導，直接干預民間金融機構的信貸，引導資金投向。另一方面，政府往往出面建立若干官方的政策性金融機構，向私人金融機構不願或無力提供資金以及投入資金不足的重點、新興產業進行投資和貸款，實現對市場機制的矯正補充機制。

(三) 信用提供機制

政策性金融運用財政性資金，可以選擇具有超前性或社會性的相關產業和產業結構體系的合理與完善提供信用支持。也就是說，政策性金融雖然不能進行信用創造，但可以通過政策性的信用提供機制，利用其優勢著重對高新技術開發的投、融資進行資金扶持，進而誘導商業性金融的進入，將資金引向素質好、技術可行性高和有市場前景廣闊的企業與項目；而且還可以有專門的政策性金融機構爲高新技術企業的技術開發等活動提供金融支持。這些都可以有效地解決產業技術結構升級和發展中的資金問題，促使產業結構優化升級。

第三節　金融支持產業結構優化調整的條件

　　金融活動只有在一定條件下才能促進產業結構優化調整的發展。這些條件是：

　　（1）市場體系比較健全。產業結構優化發展的真實含義不是少數幾個產業鶴立雞群式的發展，而是所有產業的資本密集度、技術密集度的提高。要達到這個目標，就必須具有健全的市場體系。如果市場體系不健全，商品、勞動力、技術、資金不能自由流動，社會的貨幣化程度低，金融的作用就不可能發揮出來，從而將會引起產業結構失衡。

　　（2）價格體系穩定並能反應產品的供求關係。要使企業在做技術和產業選擇時都能夠按照政府公布的產業政策爲準繩，必須要有一個能夠充分反應各種生產要素相對稀缺程度的價格體系結構。一旦價格體系穩定，金融活動就不會被動地適應動盪的經濟活動，而能主動地去影響生產的發展，促進產業結構轉換。

　　（3）社會上有足夠的閒置資源。只有這一條件得到滿足，才可能有資本的累積與設備的更新，以及生產的持續增長。否則，金融對經濟的影響只能是促進價格上漲，而不是促進產出增長，這不利於產業結構優化調整。

　　綜上所述，金融作用於產業結構的過程可簡述爲：金融→影響儲蓄、投資→影響資金的流量結構→影響生產要素分配結構→影響資金存量結構→影響產業結構。即金融活動主要作用於資金分配，進而作用於其他生產要素的分配；而在資金存量與資金流量的相互作用中，它首先作用於資金流量，其次作用於資金存量。經濟金融化程度越高，這一傳遞過程就越明顯、有效。

　　因此，金融在產業結構調整中的作用可概括爲：在國家產業政策和金融政策的條件下，金融通過調節資金的產業投向，優化產業結構，促進經濟要素的投入與要素生產率的提高。

　　在產業結構調整中，一個重要內容就是產業結構的優化，而產業結構優化的根本動力又在於技術的進步，這都需要大量的資金支持。在完善的金融市場和金融制度下，一方面，通過制定實施如政策性優惠貸款、對商業性貸款的政策性擔保等金融政策措施，將資金引向素質好、技術可行和有市場前景的企業與項目上；另一方面，通過鼓勵發展風險投資性金融機構，建立和拓展多種形式的風險投資渠道，以解決技術開發的資金困難，有效地推動產業技術結構升

級和高新技術企業發展。

總之，在產業結構調整方面，金融發揮著重要作用，沒有金融資源的參與和支持，也就不會有產業結構的調整與改善。

第四節 金融支持產業結構調整效果的一般性分析

本書認為，以「兩分法」研究金融對產業結構調整的支持比較符合中國實際情況，是探索金融體制改革的有效途徑。對最優金融支持模式的探索，實際上就是研究銀行主導型和資本主導型金融結構模式的優劣，而對這一問題的認識隨著時間、經濟環境等變化會有所不同。事實上，不同國家金融結構的形成有其歷史、經濟、政治及社會傳統根源，因而不同的金融結構在公司治理、風險分擔、資源配置以及經濟發展中的作用等功能上也各有優劣。

一、銀行主導型金融在產業結構優化調整中的優勢

銀行主導型金融在促使國民經濟迅速重建、復興與起飛方面具有明顯的積極作用。在產業結構調整中，其比較優勢表現在以下幾個方面：

（1）政府借助銀行體系，能夠迅速貫徹自己的意願，集中調度、運用資金，實現政府的總體產業發展戰略。

（2）在銀行主導型金融模式下，所有權變更不作為控制企業的手段。一般企業只擁有少數相對穩定的主要投資者，包括銀行和其他關係企業。在這種集中而穩定的股權結構下，各主要投資者之間為了共同的利益而建立起相互監督、合作的關係。銀行能為關係企業提供一攬子債務和股權資本，並在企業財務陷於困境時給予支持，使企業免遭破產、兼併，為產業的早期發展和壯大提供了重要的制度保障。

（3）在組織水平上實現銀行與公司間的信息共享。銀行作為公司的大股東和債權人，能利用其優勢，盡可能獲得和佔有全面的企業信息及其擬建項目的信息，更大程度地降低放款風險，協調集團內或相關公司的投資計劃，並通過事前治理、事中治理和事後治理對公司經理的行為進行有力的激勵、監督和控制，促進企業的健康發展。

二、銀行主導型金融在產業結構調整中的局限性

銀行主導型金融的比較優勢和效率的實現，依賴於一個高度競爭的產品市場和良好的道德法制環境。在銀行主導型金融模式下，由於存在銀行內部控制的公司治理結構，對產業結構的調整帶來一定的非效率。

(1) 它抑制了資本市場的成長，從而使銀行和企業在一定程度上失去獨立性和靈活性。各經濟主體爲了維持長期合約，一些缺乏效率的企業或項目難以淘汰，對這部分資金進行重新配置相對緩慢，因而存在對低效項目過渡投資的傾向，加劇了產業調整的剛性。

(2) 它導致企業信息具有内部佔有性特徵，使交易缺乏透明度，並最終影響資本配置和利用的效率與收益。在這一模式下，銀行、企業間相互交叉持股往往會被排斥，外部股東的利益易受到損害。由於企業能夠抗拒來自資本市場的併購威脅，這會降低企業改善競爭力的動力，使產品市場缺乏競爭；同時，在一些寡頭壟斷和缺乏競爭的產業中，公司的決策缺乏有效的評價和檢驗機制，造成權力濫用和低效。這些缺陷對產業競爭優勢的形成十分不利。

三、市場主導型金融在產業結構優化調整中的優勢

從國際經驗看，股份制與資本市場本身的起源和發展與現代工業的興起和產業結構的更迭有著密不可分的聯繫。1870—1920 年，西方主要工業國的金融證券率和國民生產總值證券率分別爲 12% 和 8%，而這一時期產業結構的層次也相對較低，處於由農業經濟向工業經濟過渡的階段；1920 年以後，隨著第一產業的就業比重降至 5%、第三產業的就業比重升至 50% 時，金融證券率與 GNP 的證券率也分別達到 50% 和 80% 以上。資本市場發展本身孕育著推動產業結構升級調整的有效機制。

(1) 正是借助於股份制和資本市場的資金集中及風險分散機制，現代產業發展中所需的、單個資本（企業和銀行）難以承擔的巨額投資及風險的難題才得以化解。

(2) 市場的資金流動性和產權明晰化，能有效地解決產業結構調整升級中的資產專用性和體制進入壁壘等矛盾。首先，證券把物質上不可分、位移上受時空限制的經營財產實體裂變爲可進行代數加總和可不斷交易流通的財產單位，一定程度上克服了資金要素流動中的資產專用性障礙；其次，多種形式證券的發

行，包括投資基金等金融工具的出現，能廣泛調動社會投資，打破分散小額資本進入某些產業部門的規模壁壘；最後，資本市場分散風險的特性及發達的信息機制，也有利於提高產業結構調整的效率和效益，減少調整過程中的經濟震盪。

（3）資本市場和股份制的發展，規範了企業產權制度，使之有可能根據市場規則行使法人財產權，進行多種形式的資本經營活動，推動存量資產重組和產權交易，有利於克服產權障礙、促進活化資產存量、推動產業結構升級。

第五節　金融資源的產業範圍選擇

金融資源的物質載體即是其所投入的產業的物質內容，金融資源的價格、構成等方面的變化可以充分反應出各產業的相關信息。因而，產業結構調整中的金融支持也可以看成金融資源的產業範圍選擇問題。金融資源的產業範圍選擇是指在國家產業政策的框架下，根據一定的產業準則，對金融資源的結構、順序、規模進行安排，對金融資源的活動進行引導，使有限的資源通過金融市場流入某一產業，從而加快產業結構的調整與升級。在中國這樣一個發展中國家，之所以要在金融資源的配置中考慮產業選擇問題，利用金融市場推動產業成長與產業結構轉換，主要基於以下幾個原因：一是中國的金融市場效率並沒有充分發揮，金融市場同樣存在著「市場失敗」問題，因此，光靠市場力量是不能完全解決資源有效配置問題的，必須要有一定的政策引導，才能確保金融資源的配置是有效率的；二是相對於龐大的市場需求而言，中國的金融市場規模還是要小於工業化國家的，金融市場的效率和資本動員能力還相對偏弱。所以，必須通過金融資源的產業範圍選擇使有限的金融資源流向一些關鍵性的產業，將有限的資本與經濟效果好、發展潛力大的產業結合在一起。產業成長需要產業與金融機制結合，因此，中國應利用資產證券化等金融手段來調整產業結構，實現產業的成長與結構的改善。

一、金融資源的產業範圍選擇與宏觀經濟效率

一個國家經濟的發展，並不完全取決於單個企業在國際市場的競爭能力，而是直接取決於各產業整體素質、取決於主導產業與戰略產業的競爭優勢。並且，從長期來看，任何企業的優勢總是以產業優勢為支撐的。因此，通過產業選擇，金融資源更多地被配置到主導產業、戰略產業中，是提升一國產業整體

素質、促進產業結構合理化和建立產業競爭優勢的客觀要求。中國應當根據自身的資源禀賦及經濟發展路徑的特點，通過產業與金融手段的密切結合，真正實現產業的結構升級和經濟的可持續發展。

二、金融資源的產業範圍選擇與產業成長

能否合理地利用金融市場資源，是衡量國家動員資本與應用資本能力的重要指標。金融市場對於產業成長具有資本供給與機制制約兩方面的作用。通過金融資源的產業配置，既能夠更好地發揮資本營運效率，又可以推進相應產業的成長。金融市場最本質的功能就是融通資金和資源配置，一方面金融市場作用於供給影響結構調整，即通過為相應企業和產業提供融通資金服務，促成市場供給結構的調整；另一方面金融市場的運作同樣也通過作用於需求，影響產業的需求結構，從而影響產業結構的調整。

三、金融資源的產業範圍選擇與產業結構優化

（1）金融資源在產業結構調整中的作用。金融資源相對於其他生產因素具有易於分割、流動性較強的特點，便於配置到優勢企業中，不僅優化產業內部的資金循環（存量資本），而且能夠吸引社會其他資金（流量資本）流入這一產業，對特定產業的發展起到加速作用，從整體上提高企業的經營績效，有效地解決產業結構調整中要素的分化組合與所有制、部門壁壘之間的矛盾。利用金融市場，通過對金融資源的配置，還有利於培育高新技術產業，促進產業結構的升級；金融資源的注入還有助於做大企業規模，增強企業的核心競爭力。另外，企業發展的約束、創新機制的培育也需要金融資源的參與和支持。

（2）金融資源的選擇引致的優勝劣汰機制有助於產業結構的優化。金融資源的產業選擇之所以能夠實現，是因為在金融市場上投資者以自利為前提的投資活動在客觀上會帶動金融資源向優勢產業中的企業傾斜，使有效益、有競爭力的企業得到資本的支持而成長壯大；反之，那些沒有效益、沒有競爭力的企業由於無法得到資本的支持而受到抑制或被淘汰出局。這種由金融資源的產業選擇所引發的優勝劣汰機制最終必然會使產業結構得以優化。

（3）金融資源的結構是產業結構優化的關鍵。一國經濟發展的過程，實質上就是經濟結構演進和優化的過程。眾多經濟的、非經濟的要素推動著經濟結構的演進。在現代市場經濟中，金融正日益成為一種促進經濟結構演進的重

要因素。從某種意義上講，金融市場結構就是由一定的金融資源結構組成的。依據各類金融資源所具有的不同特性，各產業所要求的金融資源比例也是不盡相同的。通過選擇合適的金融資源配比結構，能夠更好地發揮產業資本與金融資源的合力效果，從而有助於相應產業結構的優化。因此，一定的經濟結構構築的經濟發展平臺是金融市場發展的基礎，而金融市場反過來又能夠促進經濟結構的調整，金融市場結構的優化即是經濟結構優化的關鍵。

誠然，伴隨著經濟結構的演進和優化，經濟運行的方式、運行的規則和效率等也會發生一系列的變化。金融市場結構作爲經濟結構中的一個子結構，它自身的結構特徵是經濟結構發展變化的必然反應，是會受到經濟結構的影響的，所以，金融市場結構與經濟結構之間存在著互動關係。同時，對於那些收益回報高的行業，往往更容易獲得金融資源進行擴大再生產，行業得以進入良性循環。因此，在金融資源進行產業選擇的同時，不同行業對金融資源的不同吸引力又會反作用於金融資源的配置，也就是說產業與金融資源之間存在著相互影響、相互選擇。

第六節　金融支持產業結構調整的模式

在實際的經濟發展過程中，根據市場作用主體的不同，金融支持產業結構調整的模式可分爲市場主導型和政府主導型兩種。

一、市場主導型模式

市場主導型模式又可以分爲銀行主導性和資本市場主導型兩種模式。銀行主導型模式強調作爲基本生產主體的企業，在融資結構上，其流動資金與固定資產投資主要通過銀行進行融資來獲得。而在資本市場主導型模式下，企業自源融資比例較高，債務流量和存量水平較低，外部融資主要來自於在金融市場上發行證券，從金融仲介取得的信用不具有重要的地位，銀行以提供短期信用爲主，主要用於企業的週轉資金。[1]

因此，市場主導性模式是以市場化運作的金融機構和金融市場的發展爲依託的。首先，金融機構根據其自身的利益要求和收益性、安全性、流動性的原

---

[1] 張旭, 伍海華. 論產業結構調整中的金融因素 [J]. 當代財經, 2002 (1).

則，對競爭性行業的投資項目進行評估篩選。其次，金融機構根據金融市場上資金供求決定的利率和收益水平，實現資金從低效的向高效的部門和企業的轉移，以提高產出水平和效益。最後，通過一定的組織制度，金融機構對資金使用企業進行經濟控制與監督，增進企業的信息溝通，減少資金配置中的盲目與短期行爲，提高投資收益。

(一) 銀行主導型金融

銀行主導型金融在促使國民經濟迅速重建、復興與起飛方面具有明顯的積極作用。在產業結構調整中，其優勢表現在以下幾個方面：①政府借助銀行體系，集中調度、運用資金，實現政府的總體產業發展戰略。②在銀行主導型金融模式下，所有權變更不作爲控制企業的手段；一般企業只擁有少數相對穩定的主要投資者。在這種集中而穩定的股權結構下，爲產業的早期發展和壯大提供了重要的制度保障。③能在組織層次上實現銀行與公司間的信息共享。在混業經營模式中，銀行最大程度上降低放款風險，促進企業的健康發展，這在德國的全能銀行模式中得到了較好的驗證。當然，銀行主導型金融在產業結構調整中也有其局限性。在銀行主導型金融模式下，由於存在銀行內部控制的公司治理結構，對產業結構的調整帶來一定的非效率。首先，銀行主導抑制了資本市場的成長，從而使銀行和企業在一定程度上失去了獨立性和靈活性，存在對低效項目過度投資的傾向，加劇了產業調整的剛性。其次，這種模式使得企業信息具有內部佔有性特徵，使交易缺乏透明度，並最終影響資本配置和利用的效率與收益。這將降低企業提高競爭力的動力，使產品市場缺乏競爭；同時，在一些寡頭壟斷和缺乏競爭的產業中，企業的決策缺乏有效的評價和檢驗機制，造成權力濫用和低效。這些缺陷對產業競爭優勢的形成十分不利。

(二) 資本市場主導型金融

從國際經驗看，股份制與資本市場本身的起源和發展與現代工業的興起和產業結構的更迭有著密不可分的聯繫。資本市場發展本身孕育了推動產業結構升級調整的有效機制。首先，股份制和資本市場的資金集中有利於分散企業投資的風險。其次，資本市場的資金流動性和產權明晰化，能廣泛調動社會投資，打破分散小額資本進入某些產業部門的規模壁壘。再次，資本市場分散風險的特徵及發達的信息機制，也有利於提高產業結構調整的效率和效益，減少調整過程中的經濟震盪。最後，資本市場和股份制的發展，規範了企業產權制度和產業秩序，從而有利於推動產業結構升級。

然而，資本市場主導型金融也有自身的局限性。首先，管理者的利益與投資者的利益不能直接協調一致，委託代理問題的出現導致決策者缺乏產業創新

的內在動力。其次，高度流動的資本市場會鼓勵投資者的短視行爲，股東對企業缺乏長期投資意願，降低了投資者通過監督管理者和公司業績，推進企業加快產品結構升級調整的外在壓力。最後，以市場機制爲基礎的併購行爲加劇了企業運行的不穩定性。

二、政府主導型模式

政府主導型模式主要實現對資金導向的倡導與校正補充，可分爲政策引導型和直接投資型。前者強調政策的引導體現在通過實施一定的金融政策，特別是信貸政策，使其與產業政策的相互協調，實現資金倡導的功能。後者強調各國發展中都有若干重點產業或新興產業，它們對經濟發展至關重要。但這些行業往往資金需求量大、投資回收期長、風險高，私人金融機構難以承擔其融資，故政府部門一般通過投資直接參與資金的配置。①

政府干預投資可以分爲直接與間接兩種方式。直接方式是指中央銀行根據產業政策的要求進行信貸配給或行政指導，直接干預民間金融機構的信貸計劃，限制並引導資金流向；間接方式是指中央銀行基於對重點產業有關企業或項目的調查監督，對其經營能力、活力以及潛力做出判斷，並以提供信用保障的方式鼓勵商業性金融機構對其融資。在這種方式下，中央銀行並不直接干預商業性金融機構對具體貸款對象、貸款數量及貸款條件的確定，而只是採取一定的傾斜和優先政策，引導商業性金融機構在重點產業選擇效益好、還款能力強的企業或項目進行融資，並以不破壞商業性金融機構的收益性、流動性、安全性經營原則爲前提。因此，從資金的使用效益看，間接方式能夠更有效地利用相對較少的資金供給帶動吸引較多的民間資金，使之流向重點產業。同時，政府的先行投資或扶持可以大大增強民間金融機構的投資信心和決心，引起民間投資的積極回應，也使得政府資金可以在其中逐漸減少份額，轉而扶持開發其他產業。

儘管中央銀行的信貸政策對產業結構調整有著不可忽視的作用，但需要注意的是，這很可能引起經濟總量目標的失控，導致通貨膨脹，從而破壞經濟的有效運行和穩定增長，阻礙產業結構的升級轉型。特別是過於偏重依賴直接的信貸配給政策，容易帶來資金的低效配置和重點產業在過度資金優惠政策下的發育遲滯、效率低下；同時還會阻礙金融體制的發展，加深金融抑制的局面。

---

① 張南. 中國產業結構調整的金融機制 [M]. 西安：陝西人民出版社，1998：129.

第七節　金融發展與產業結構的合理化和高度化

　　金融市場具有籌集資金並引導資金流向、優化資源配置、提供信息、加快技術創新、促進企業重組的作用，通過這些作用促進產業結構合理化。資金的運用結構決定了產業結構的變化，而產業結構反應資金分佈狀況。金融也正是通過資金形成、導向機制和信用催化機制，改變資金供給水平和配置結構，推動產業結構高級化。

　　中國的產業結構調整，主要由勞動密集型產業向資金技術密集型產業轉化為主。而這種轉換，不論使用增量途徑還是通過存量途徑來實現，都需要大量資金注入，金融尤其是商業銀行的信貸槓桿功能起著舉足輕重的作用。

　　對於目前中國企業融資仍以間接方式為主的情況，在國家產業政策和宏觀調控政策的指導下，還可以運用信貸槓桿，制定信貸政策，有目的地傾斜來調整貸款在不同地區、不同行業、不同所有制之間的比例，從而引導資金流向，有區別有側重地支持某些地區、某些產業和不同所有制發展，同時對投入資金不足的重點產業、新興產業進行投資和貸款。在直接融資方面，證券市場作為金融資產的供給場所，它可以根據收益性、流通性、風險性和期限性等要素不斷排列組合形成不同金融產品滿足不同的投資者，成為現代資本形成的最佳場所，從而滿足產業結構調整中快速集聚資金的要求。

　　產業結構調整合理化和高級化的變革必然伴隨著社會資源的大範圍、大規模流動。而產業結構調整歸根到底就是不同類型企業的市場進出問題，這必然涉及資源的優化重組和合理配置。無論是以銀行為中心的貨幣市場還是資本市場，均具有聯繫面廣、信息靈通的優勢，都會以市場為導向，積極支持企業的兼併和重組，使資源自動流向有競爭力、市場成長性好的企業並輔佐其成長，而效益差、無市場生命力的企業無法得到資本甚至資源流失而受到抑制或被淘汰。這一過程最終促使產業結構的優化，因為無論是資本市場主體，還是貨幣市場主體其經營原則決定的投資活動必然刺激市場資源向具有優勢地位的產業傾斜。

　　金融市場為中國的產業結構調整及時提供信息、加快技術創新、促進企業重組。產業結構的調整依據資源的社會供給與社會需求的變動，而這些變動無疑是中國產業結構調整表現出來的日趨複雜的信息，而金融市場的構成部分之一證券市場能較好地解決產業結構調整過程的信息依據問題，並據此來引導資

本的流向；同時，金融市場也能加快技術創新，而今，以技術創新推動產業升級正是產業結構調整中的重要內容。但是技術的創新與商業化是一項不確定性強、商業風險性極大的活動。創新性企業由於規模小，發展前景不確定，資信程度低並缺乏擔保資產，很難從銀行等金融仲介機構籌措到大量資金。而資本市場則正好解決這個問題，尤其是風險投資市場，不僅爲高新技術產業提供資本，而且推動這些技術創新滲透到相關產業，從而帶動整個產業結構的調整。除此以外，資本市場還促進企業重組。目前，一場世界範圍內的大規模企業結構整合，無論是收購還是重組，大多數是通過資本市場進行的。尤其是風險投資資本市場較好地解決了知識產權的價值和企業資產價值的市場評價、股權的可交易性、投資風險的分散等問題，使企業重組的道路更暢通。

第七章　中國產業結構優化的金融支持模式定位與選擇

第一節　中國產業結構及金融體系的演進

改革開放以來，中國經濟的持續高速增長舉世矚目。在這一階段的經濟高速增長中，產業結構的不斷優化、演變起到了重要的作用。

一、改革開放以來產業變動的主要特點

（1）改革開放以來，中國的產業結構總體處於工業化中期階段，主要表現在第一產業比重逐漸下降，第二產業和第三產業比重逐步上升（見表7-1）。[①] 在這個過程中，20世紀80年代（「六五」和「七五」時期），第一產業比重高於25%，第二產業比重低於45%，第三產業比重則低於30%。20世紀90年代（「八五」時期）以后，第一產業比重下降到20%左右，第二產業比重大體在50%左右，第三產業比重在32%左右。20世紀90年代與80年代相比，第一產業比重平均下降了9.2個百分點；第二產業和第三產業分別上升了4.65個和4.6個百分點。

[①] 宋群.「十五」時期統籌中國產業結構升級與國際產業轉移的建議［J］.經濟研究參考，2005（52）.

表 7-1　　　　　　　　　　中國三次產業結構變化

年份	GDP（億元）	第一產業比重(%)	第二產業比重(%)	第三產業比重(%)
1981—1985（「六五」時期）	6,445	31.4	44.2	24.4
1986—1990（「七五」時期）	14,510	26.2	43.2	30.6
1991—1995（「八五」時期）	37,626	21.0	46.9	32.2
1996—2000（「九五」時期）	78,401	18.2	49.8	32.0
1996	67,885	20.4	49.5	30.1
1997	74,463	19.1	50.0	30.9
1998	78,345	18.6	49.3	32.1
1999	81,911	17.7	49.3	33.0
2000	89,404	15.9	50.9	33.2
2001	97,315	15.8	50.1	34.1
2002	104,791	15.3	50.4	34.3
2004		15.2	53.0	31.8

資料來源：歷年《中國統計年鑒》。

同期，勞動力就業結構也有較大的變化（見表 7-2），變動趨勢與產業結構變動大體相同。20 世紀 90 年代與 80 年代相比，第一產業勞動力比重平均下降了 13.2 個百分點，第二產業和第三產業的勞動力比重分別上升了 3 個和 10.3 個百分點。與 GDP 中產業結構變動趨勢不同的是，就業結構中第一產業比重的下降幅度大於 GDP 中第一產業的下降幅度，就業結構中第二產業比重上升幅度小於 GDP 中第二產業結構的上升幅度，就業結構中第三產業就業比重上升幅度大於 GDP 中第三產業的上升幅度。總體上，就業結構變動滯後於。產業結構的變動

表 7-2　　　　　中國三次產業勞動力結構變化　　　　　單位：%

年份	第一產業比重	第二產業比重	第三產業比重
1980	68.7	18.2	13.1
1985	62.4	20.8	16.8
1990	60.1	21.4	18.5
1995	52.2	23.0	24.8
1997	49.9	23.7	26.4
1999	50.1	23.0	26.9
2000	50.0	22.5	27.5
2001	50.0	22.3	27.7

表7-2(續)

年份	第一產業比重	第二產業比重	第三產業比重
2002	50.0	21.4	28.6
2004	46.9	22.5	30.6

資料來源：歷年《中國統計年鑒》。

（2）重化工趨勢明顯。從第二產業工業內部結構來看（見表7-3），中國輕重工業比例變化的趨勢特點是：1985年輕工業比重超過45%，1990年輕工業比重接近50%，幾乎與重工業形成「平分天下」的格局。1990年以後，輕工業比重逐年下降，2000年輕工業比重下降到40%以下，重工業比重則上升到60%以上，形成四六開的格局，顯示出中國比較明顯的重化工業的特徵。當然，新中國成立以來，中國一直實施重點發展重工業的方針，重工業在產業結構中一直佔據較高比重，但改革開放以前的重工業趨勢主要是靠行政手段配置資源形成的，違背了經濟發展規律。應該說，與以往不同的是，目前的重化工業特徵很大程度上是在市場經濟導向下形成的。

表7-3　　　　中國輕、重工業占工業總產值的比重　　　　單位:%

年份	輕工業比重	重工業比重
1978	43.1	56.9
1985	47.1	52.9
1990	49.4	50.9
1993	40.1	59.9
1994	42.2	57.8
1995	43.8	56.2
1996	43.0	57.0
1997	42.7	57.3
1998	42.9	57.1
1999	42.0	58.0
2000	39.8	60.2
2001	39.4	60.6
2002	39.1	60.9
2003	35.5	65.5
2004	32.4	67.6
2005	31.0	69.0

註：2004年、2005年均為規模以上企業統計數據。
資料來源：歷年《中國統計年鑒》。

(3) 從重工業內部結構來看（見表7-4），2002年採掘工業比重較1980年下降了2個百分點，原料工業和加工工業比重分別上升了2個和3.4個百分點，變化的幅度不是很大。這表明中國正處於以採掘與原料工業占較大份額的重化工業轉向以加工工業為主的重化工業發展時期。

表 7-4　　　　　　　　重工業內部結構變動情況　　　　　　　　單位：%

年份	採掘業比重	原料業比重	加工業比重
1980	11.8	23.1	24.2
1985	10.4	22.8	27.5
1990			25.2
1995	12.2	25.8	25.6
1996	11.6	23.0	25.4
1997	11.6	23.0	25.2
1998	11.0	23.7	25.6
1999	10.8	24.5	25.5
2000	12.4	24.5	25.7
2001	10.9	25.3	26.7
2002	9.8	25.1	27.6

註：1990年以前的為工業淨產值結構；1995年以後的為工業增加值結構。
資料來源：歷年《中國統計年鑒》。

二、中國金融體系演變的一般性描述

金融體系的演變，是經濟、社會發展的必然要求。深入探討金融體系演變的過程和原因，可以發掘影響金融體系變遷的內在因素，為金融改革提供理論支持，減少或降低中國經濟改革的成本。

對於中國金融體系演變的原因，已有一些學者進行了分析。林毅夫（2000）認為，中國金融體系的安排是由於經濟發展的內生因素決定的，即金融系統的設計要符合國家產業結構，而產業結構又取決於兩個外生變量——該國的要素禀賦性質和該國經濟發展戰略。國家的要素禀賦性質決定了該國最適於從事的產業和進入這些產業時所採取的技術。經濟發展戰略則決定了該國政府產業政策所要支持的產業。如果這兩者一致，則該國產業結構是最佳的，此時金融資源能自由地在產業各部門之間流動，這樣金融體系的設計就要根據經

濟規律內生形成。若這兩者相差較遠，爲實現政府的戰略意圖，政府就進行行政干預，甚至政府對金融資源進行壟斷，這正是中國傳統金融體制形成的內在邏輯。張杰（1998）認爲，中國金融體系變遷的基本動因在於改革過程中形成了代表不同利益集團的產權，以及不同產權之間的競爭和利益衝突。

（一）「大一統」的金融體系（1953—1978年）

1953年，中國參照蘇聯模式逐步建立起了高度統一的計劃經濟體制，之後這種體制不斷強化，一直持續到20世紀70年代末。與之相適應，中國的金融體系在這期間也是高度集中統一，「大一統」成爲這階段金融體系的典型特徵。這期間，中國人民銀行是全國唯一的一家銀行，其職能類似於國家財政的會計和出納，其業務完全服從於國家財政。[①]

（二）以人民銀行爲領導的多種金融機構並存的金融體系（1978—1992年）

1978年，隨著中國經濟體制改革的逐步展開，中國金融體制的改革也開始進行，單一國家銀行模式的金融體系得以改變。到1992年年底，除中國人民銀行外，還建立了4家專業銀行、9家全國性或區域性商業銀行、12家保險公司、380多家金融租賃公司、59,000多家農村信用社和3,900多家城市信用社，另外還存在一些外資金融機構。金融資產由單一的存款、現金發展到商業票據、大額定期存單、國庫券、企業債券和股票等。在這期間，中國人民銀行專門行使中央銀行職能，統一對金融機構進行監督和管理，同時還承擔著一部分政策性金融業務，在業務上具有明顯的過渡性特徵。而各專業銀行之間的業務劃分比較清楚，競爭機制尚未形成。非銀行金融機構的發展則尚處於探索階段，發育還不完善。

（三）金融體系改革的深化（1993年至今）

1992年年底，中國做出了建立社會主義市場經濟體制的決定，社會主義市場經濟成爲經濟體制改革的根本目標。金融體系爲了適應這種經濟市場化的趨勢，重新定位改革目標，並開始了深化改革的艱難歷程。

從金融體系的結構變化來看，商業性金融與政策性金融開始分離：四大專業銀行開始向商業銀行轉變；四大金融資產管理公司成立，以配合專業銀行的商業化改革；三大政策性銀行成立；中國人民銀行開始徹底行使中央銀行職能；非銀行金融機構尤其是證券經營機構穩步發展。

金融市場發展十分迅速：1996年建立了全國銀行同業拆借網路和統一的外匯市場，商業票據市場進一步發展，股票債券市場發展加速，期貨市場得以

---

① 韓正清. 中國金融體系演變分析[J]. 重慶工學院學報，2005，19（2）.

整合。在金融監管方面，逐步頒布、修訂了許多金融法規，如《中央銀行法》《商業銀行法》《保險法》《證券法》《票據法》，證監會、保監會、銀監會分別成立，形成了以中國人民銀行、證監會、保監會、銀監會各司其職、分工合作，促進銀行業、證券業、保險業規範發展的金融監管體系。金融調控手段由過去較多的計劃手段（如信貸規模控制）轉向與市場經濟相吻合的經濟手段（如利率、公開市場業務等）。

三、現行金融體系的問題

毋庸置疑，經過20多年的改革開放，特別是社會主義市場經濟體制的逐步建立，為中國金融業的進一步發展提供了良好的運行機制和廣闊的運行空間，為中國金融業迎接21世紀的挑戰奠定了堅實的基礎。但是，應該看到，中國金融業的發展與20世紀90年代以來國際金融發展顯現的趨勢相比，還相差甚遠。中國的金融改革和發展雖然取得了顯著的成就，但還存在著很多問題，有的甚至是致命性的。中國的金融深化和改革還有很長的路要走，放在經濟全球化、金融全球化的背景下考察中國金融現狀，還存在以下主要問題：①

（1）中央銀行的宏觀調控機制還不成熟。作為中央銀行的中國人民銀行，其宏觀調控機制雖然正在實現由直接方式向間接方式的轉變，但還很不成熟。其具體表現在：還不能自如地運用準備金制度、公開市場操作、再貼現政策等調控手段，利率市場化進程緩慢等。

（2）金融機構、金融市場的發展雖然達到了一定的規模，但是其結構缺陷明顯，金融效率較低。這也是目前制約中國金融改革和發展的最重要因素，在一定程度上制約了中國金融業與國際金融業的進一步接軌。

（3）金融監管體系不完善，監管效率不高。經過這些年的金融建設，可以說中國已經初步建立了金融監管體系。但是，和發達國家相比，和中國進一步進行金融深化改革的大環境相比，以及與建立成熟的社會主義市場金融體系的改革目標相比，中國的金融監管體系還存在很多缺陷。其主要表現在：金融監管法律體系還不健全；金融監管工具、監管手段單一；金融監管的外部環境較差以及監管的體制性腐敗。

從以上分析可以看出，中國金融業的發展現狀一方面要求我們必須進一步加快金融深化程度，提高金融市場化水平和自由化程度，提高中國整個金融業

---

① 土瑞，歐陽建軍．淺淡中國金融體系的現狀與問題 [J]．企業經濟，2005（1）．

的效率和競爭能力；另一方面要求我們必須加強金融監管，提高中國金融業的安全性，以保障中國金融深化和市場化的順利進行。在經濟全球化的時代背景下，研究和思考這一問題顯得尤爲必要和緊迫。它關係到中國在實現金融市場化和國際化以及和國際金融接軌的金融深化過程中如何保證中國金融的安全性問題，關係到中國如何以一個穩定的金融體系順利進入國際金融環境中去的問題，關係到中國金融業今後的改革思路和改革目標。

第二節　中國產業結構調整中金融支持存在的問題及原因

一、金融支持產業結構調整的現狀

（一）支持產業發展的信貸規模不斷擴大

改革開放後，中國金融業迅速發展，這是現代產業發展的要求，也是傳統農業向現代化轉變的需要。2006年年末全部金融機構本外幣各項存款餘額爲34.8萬億元，增長16%；全部金融機構本外幣各項貸款餘額23.9萬億元，增長14.7%，增速比上年高1.8個百分點。主要金融機構新增中長期貸款中，基礎設施行業、房地產業和製造業的比重分別爲37.6%、19.7%和8.3%。2006年農村金融合作機構（農村信用社、農村合作銀行、農村商業銀行）人民幣貸款餘額爲2.6萬億元，比上年末增加4,277億元。全部金融機構人民幣消費貸款餘額爲2.4萬億元，增加2,068億元。從資金運用情況看，2006年度銀行業累計的信貸規模達到3.18萬億元，這一目標超出了2006年年初中央銀行信貸投放目標的三成。

近年來隨著農業銀行的逐步淡出和農業發展銀行的政策性角色的限制，農村信用社實際上承擔著農村、農戶和農業信貸支持的主要力量，逐步成爲支農主力軍，其在農村小額信貸市場中的地位的重要性逐步顯現。以2005年上半年爲例，全國農村信用社農戶貸款餘額4,176億元，較年初增加了1,028億元，增幅爲32.7%；小額信用貸款爲695億元，比年初增加368億元，增幅爲112.5%，聯保貸款爲268億元，比年初增加149億元，增幅爲125.2%，有力地支持了「三農」經濟的發展。

中國產業技術創新投入增速較快。2006年全年研究與試驗發展（R&D）經費支出2,943億元，比上年增長20.1%，占國內生產總值的1.41%，其中基礎研究經費爲148億元。

(二) 產業結構調整中資本市場發展迅速

中國證券市場五年來發生了翻天覆地的變化，2006年股市總市值已突破28萬億元，成爲全球第一大新興市場，在世界上位居第4位；目前中國經濟總量也在世界上排名第4位，兩者位次相同。中國證券化率已超過130%，而五年前僅爲20%左右。2006年企業通過證券市場發行、配售股票共籌集資金5,594億元，比上年增加3,712億元。發行企業債券1,015億元，比上年增加361億元；發行短期融資券2,943億元，比上年增加1,551億元。全年企業通過證券市場發行、配售股票共籌集資金5,594億元，比上年增加3,712億元。[①]

中國對風險投資的探索始於20世紀80年代中期，在各方面的大力支持和推動下，得到比較快速的發展。國內風險投資公司不過百家，但已具備80多億元的投資能力。

(三) 各產業固定資產投資總體規模擴大

2006年全社會固定資產投資109,870億元，比上年增長24%。其中：城鎮投資93,472億元，增長24.5%；農村投資16,397億元，增長21.3%。在城鎮投資中，國有及國有控股單位投資45,212億元，比上年增長16.9%。第一產業投資1,102億元，增長30.7%；第二產業投資39,760億元，增長25.9%；第三產業投資52,611億元，增長23.3%。製造業的競爭力進一步提高，全年全部工業增加值比上年增長12.5%，規模以上工業增加值增長16.6%；全社會固定資產投資增長24%；全年房地產開發投資增長21.8%；全年社會消費品零售總額增長13.7%；全國規模以上工業企業利潤增長310%。儘管各產業投資規模擴大，但投資的行業太集中，鋼鐵、水泥和電解鋁等行業投資過熱，而農業、服務業等偏冷。

2003—2006年，中國基礎產業和基礎設施建設固定資產投資總額爲120,271億元，是1978—2002年基礎產業和基礎設施基本建設投資的近兩倍；2003—2006年年均增長26.1%，比同期國民經濟年均增長速度高15.7個百分點。黨的十六大以來，黨中央、國務院採取了一系列積極措施加大政府對基礎產業和基礎設施建設的投入，鼓勵外資和民營資本對基礎產業與基礎設施項目投資，中國基礎產業和基礎設施得到進一步加強，爲未來經濟發展奠定了堅實的基礎。

---

① 牛淑珍. 中國風險投資問題與對策 [J]. 合作經濟與科技，2006 (10)：40.

二、產業結構調整中金融支持存在的問題

中國產業結構調整的總體方向是完成產業結構的升級和優化，就目前而言，中國農村發展落後，基礎設施建設薄弱，農業機械化程度低，主要的種植業和養殖業處於粗放經營水平，產品成本高，農產品加工水平低，產業化經營不足；工業結構性生產過剩，低水平重複建設嚴重，技術創新不足，缺乏高加工度的產業，高技術產品生產能力不足，整體素質不高，資源浪費嚴重；第三產業整體發展相對滯後，高層次的服務業如信息產業和金融服務產業總體水平較低，高科技產業發展缺乏力度。如果資金能夠在這些產業中合理運用，那麼將大大促進產業結構的進程。但是，金融支持在中國產業結構調整過程中還存在一些問題：農業發展缺乏基礎性的金融支持、技術創新缺乏雄厚的資金來源、高新技術產業的發展沒有切實的風險保障等。其具體表現在與資金流動密切相關的信貸、投資、資本市場等方面的缺陷和不完善。

（一）中國產業結構調整中的信貸結構不合理

銀行信貸資金投入是推動中國產業結構調整的主導力量，其運行態勢很大程度上決定中國產業結構調整的方向。銀行貸款是中國大部分企業的主要資金來源，2005年國內非金融機構融資中，貸款佔融資總量的78.1%。可見，信貸支持的方向直接影響著資金在各個產業的流動，決定著產業發展的規模和前景。但是，由於中國企業信用制度的不健全以及銀行傳統體制的影響，信貸支持在產業結構調整中的作用沒有充分發揮。信貸政策與產業結構調整政策還沒有切實地結合起來。信貸沒有相應切合產業結構調整的方向，對成熟產業重複投資，而對基礎產業和具有發展潛力的新興產業以及民營企業缺乏有力的支持。

1. 信貸對農業的支持力度不夠

中國是農業大國，農業是國民經濟發展的基礎產業，農業的發展對其他產業的發展具有直接的影響。當前，農業的基礎設施建設比較落後，農產品生產的科技含量低，新的科技成果很難推廣，農村產業化進程緩慢，最主要的原因是缺乏必要的發展資金。中國農業貸款佔全國總貸款額的比重一直處在較低的水平，中國農村存在著巨大的存貸差。農業貸款佔全國金融機構貸款總額比重在1988年以前一直維持在6%和7%的區間內不變，在1989—1993年曾達到了13%~14%的水平，但在1994年這個比重減到了2.86%，接下來逐年緩慢上升但到現在為止，基本維持在5%左右的低水平。另外與城市相比，中國農村金

融體制改革起步較晚，且步伐較小，目前中國農村金融基本還處於機構設置不靈活、業務單一、管理粗放、風險突出等問題的金融改革初級階段。2005 年年末縣以下銀行業金融機構存貸比爲 56.3%，全國爲 69.02%，比全國低 1,272 個百分點；縣以下銀行業金融機構貸款年均增長率爲 9.72%，全國爲 15.66%，相差 5.94 個百分點。農村金融機構的作用沒有充分發揮，農民貸款困難，農業生產缺乏技術和投資，農業產業化發展緩慢。作爲先行產業的農業不能獲得發展，其他產業的發展必然受到阻礙。

2. 信貸盲目投向部分成熟行業，重複建設嚴重

近幾年，由於信貸對部分「熱點」行業投資過剩，造成原材料、能源、房地產等價格大幅度上漲，信貸增長也連創歷史新高，出現經濟運行加速，局部過熱和重複建設的現象。信貸過度傾斜於成熟和「熱點」產業必然造成新興產業和基礎產業缺乏信貸的支持，對於需要投入資金的高技術產業支持不足。2005 年，在中國經濟結構中，工業在 GDP 中所占比重達到 48.4%，第三產業占比爲 38.8%。在工業增加值中，重工業比重達到 69%，輕工業僅爲 31%。在工業內部結構中，高耗能行業所占比重過高，嚴重阻礙經濟的可持續發展。以銅行業爲例，國家發展和改革委員會公布的數據顯示，截至 2005 年 10 月，在建、擬建項目總投資已超過 200 億元，其中有大量的銀行貸款。銅冶煉行業如果出現虧損局面，形成不良資產，無疑將會造成固定資產投資受損，增加金融風險。

3. 產業技術創新缺乏充足的信貸支持，不利於產業結構的優化升級

任何產業的發展都是以技術爲基礎和條件的。產品在世界上缺乏競爭力，根本原因是沒有自主的核心技術。儘管中國政府大力倡導鼓勵技術創新，但是相對於發達國家還是遠遠不足。2005 年，中國技術開發投入只占 GDP 的 1.32%，不及美國研究和開發費用的 2%；中國高技術企業不僅數量少、規模小，而且多數不掌握產品的核心技術；中國科技進步對經濟增長貢獻率不足 30%，明顯低於發達國家 60%~70%的水平，亦低於發展中國家的平均貢獻。[1] 另外，最需要技術創新的傳統產業，技術基礎差，資源利用效率低，技術創新能力弱，低水平生產能力過剩，高新技術發育不足。中國研究與開發投入除了政府的一小部分投入外，其餘基本需要從銀行獲得。如果缺乏足夠的資金支持，技術創新能力就不足，多數高新技術企業不能實現跳躍式發展，規模較小，後勁不足。而如果傳統產業技術發展沒有跟上，就會影響其他產業的發

---

[1] 徐丹丹. 產融結介的理論分析 [J]. 學術交流，2006 (5)：111-113.

展，產業結構也就無法優化升級。

(二) 產業結構調整中的資本市場不發達

產業結構的調整與資本市場的發展是相輔相成的。從經濟發展的角度來看，正是因為產業結構的不斷升級，新興產業帶動基礎產業和後續產業的發展，提高了生產社會化程度和資本集中的規模。單個資本積聚難以滿足現代工業的巨額投資，也無力承擔巨額投資的風險，股份制、證券市場便應運而生了。反過來，資本市場對產業結構調整也具有巨大的推動作用。資本市場通過各種各樣的金融產品能夠滿足產業結構調整大量資金聚集的需求，資本市場信息的靈敏性能夠科學地引導資金在產業間的流向。而風險投資的誕生又能很好地規避新興產業特別是高科技產業發展的風險。

但是，中國資本市場的起步比較晚，從20世紀90年代資本市場才開始活躍，規模還比較小，金融產品少，風險投資不發達，資本市場的功能存在著許多缺陷，不夠完善，相應的政治、法律制度也不夠健全，直接影響中國產業結構的優化升級。資本市場影響產業結構調整的主要問題有：

1. 資本市場總體規模較小，無法滿足新型能源和工業發展需要

中國的新型能源和工業的固定資產投資規模逐年擴大。大規模的資金投入，除了地方財政自籌，國有、民營企業自有資金投入以及國家、地方金融機構支持外，充分發揮和利用產業資源優勢，加快資本市場發展，通過境內外資本市場多渠道、多方式籌集國際國內資本，擴大直接融資規模，是一個必不可少的重要渠道。而中國資本市場總體規模較小，遠遠不能滿足中國新型能源和工業的發展。從股票市場看，2006年中國股票市場佔國際股票市場的份額只有1%。從債券市場看，中國債券市場的交易額只相當於美國所有未清償債券餘額的3.7%，且債券品種結構與國際市場相比差距相當大。

2. 資本市場效率低下，民營企業融資困難

中國的資本市場從發展之初就被納入了行政化的軌道。政府對股票市場的干預扭曲了資本市場的機制。資本市場存在為國企籌資，而忽視其他上市公司的現象。據統計，目前國有企業債券佔債券市場上所有企業債券的八成多，股票市場上的上市公司中國有企業佔90%左右，上市股份中國有股佔2/3。大量的金融資源被效率低下的國有企業所掌控，而大量的民營企業、中小企業獲得的金融資源卻比較少。2005年中國股市交易額為5萬億元，接近GDP的30%，比例並不算低，但是企業從股市只籌集到1,357億元資金，僅佔國內金融市場

融資總量的 4%，宏觀經濟與股市相悖的現象難以避免。①

3. 中國資本市場的股市信用風險大，不利於產業長足發展

中國資本市場約束和激勵機制不健全，國有上市公司佔有絕對優勢，缺乏市場主體間的有效競爭。市場誠信制度和監管體系不完善，監管能力較弱，股市運作不規範，有些上市公司過度包裝，偽造經營業績，誇大未來的經濟效益，財務報表虛假，信息披露不規範甚至隱瞞重大事實，嚴重誤導投資者。股市短期行爲嚴重，投機之風盛行。在追求短期利益的驅動下，一些企業嚴重忽視資源成本、環境成本、社會成本，對技術改造的投資、安全設備的投資、環保方面的投資以及社會保障方面的開支能減就減、能省就省，使得項目投資在一年甚至很短的時間內就可以回本賺錢，從而刺激了各個產業內部忽視長遠投資，偏愛短線投資的傾向，嚴重影響產業的長期發展。

4. 風險投資發展緩慢，不能適應高科技產業的發展

儘管中國風險投資已建立十多年，但是風險投資規模小、風險基金少，加上中國目前的證券公司、信託投資公司、會計師事務所、律師事務所、資產評估機構、證券投資諮詢公司等仲介機構發展不完善，造成風險投資發展很緩慢。尤其在高科技領域投資總量不足，資金供應渠道單一，缺乏專業化的管理人才，缺乏完善的政策支持體系，不能適應高新技術產業發展需要。中國每年產生的約 3 萬項科技成果中，形成產品的只有 20% 左右，實現產業化的只有 5%。

(三) 中國產業結構調整中的投資導向不合理

投資是企業擴大再生產和產業擴張的重要條件之一，資金向不同產業投入所形成投資配置的比例就是投資結構，不同方向的投資是改變已有產業結構的直接原因。創造新的投資需求，將形成新的產業而改變已有的產業結構；對部分產業投資，將推動產業比未投資產業以更快的速度擴大，從而影響這些原有產業結構；對全部產業投資，由於投資比例不同，則會引起各產業發展程度的不同，導致產業結構的相應變化。在產業結構調整過程中，有效資金流動是提高產業結構調整效率的前提。近幾年，中國經濟發展出現了某些行業投資過熱的問題，這種局部的投資過熱，直接導致了其他一些行業的投資不足。中國產業結構調整中投資導向不合理的問題，直接影響產業結構的優化、升級。

1. 投資結構趨同，新興產業發展資金少

目前，中國投資大部分投向第二產業的一些成熟行業，對新興產業的投資

---

① 孟科學．金融結構理論對中國金融結構調整優化的啟示 [J]．商業研究，2006 (7)：135－138.

相對不足。投資結構趨同導致的直接後果是產能過剩。2005年，中國11個行業產能過剩，其中鋼鐵過剩3.5億噸、電解鋁過剩260萬噸、汽車過剩200萬輛、鐵合金過剩1,328萬噸、焦炭過剩1億噸、電石過剩800萬噸[①]。產能過剩直接導致企業經濟效益下降，虧損企業大幅上升，最終降低整體國民經濟效益，形成社會生產力的浪費，加大環境供給和環境壓力。投資結構的趨同也造成新興產業如高新技術產業、現代服務業、資源綜合利用和生態環境保護業等產業發展資金不足。

2. 傳統產業技術改造投資不足，企業發展受阻

在中國，傳統產業主要包括輕工、紡織、機械等，其突出特點是技術水平較低、設備老化，基本上屬於勞動密集型產業，經濟效益普遍較差。但傳統產業對就業的吸納能力大，在中國還有長期繼續發展的必要。自「七五」時期以來，中國技術改造投資在固定資產總投資中的比重就在不斷下降，已經從「七五」時期平均的19.3%下降到目前的15%左右[②]。中國粗放型增長的格局目前仍很明顯，而由於資源、環境等原因，傳統的粗放型道路已經難以爲繼了。技術、設備陳舊的老企業由於技術改造投資不足，在新材料、新能源的利用上處於明顯的劣勢，尤其在當前能源、資源短缺的情況下，落後的技術和設備不僅影響企業的經濟效益和長足發展，而且對生態環境也會帶來不利的影響。技術改造的關鍵是要有充足的投資，如果投資不能及時到位，那麼許多過去經濟效益比較好、規模比較大的老企業，就不能進行技術引進和設備更新，最終面臨倒閉，造成國家資源的極大浪費。

3. 投資體制存在缺陷，民間投資發展滯後

由於市場准入機制的限制，缺乏相應的鼓勵政策和措施，民間資本很難進入一些行業。尤其是在沒有相應政策引導的情況下，普通投資者進行投資的心態還不成熟，大部分是以投機的目的進行資金投入，只能向高利潤的行業集中，在諸如教育、衛生、文化、體育、保險、電信服務、諮詢等新興服務業方面的投資發展還比較落後，沒有形成一定的規模。另外，社會基礎設施投資基本依賴政府撥款，儘管社會基礎設施投資大部分是社會效益高、經濟效益低的投資，但是某些有很大經濟效益的基礎設施投資，也沒有發揮市場的作用，民間投資很少。民間投資一般通過股票市場進行，由於中國股票市場規避風險的機制不健全，使得民間投資不穩定，一旦有風吹草動就立刻發生資金大規模的

---

① 陸彥. 產能過剩背景下對控制銀行信貸風險的思考 [J]. 青海金融, 2006 (11): 20.
② 谷水亮, 田力. 中國產業技術創新能力的發展現狀和影響因素分析 [J]. 決策探索, 2007 (7): 15.

流動，這種大規模的資金無序流動極易造成金融動盪，破壞力很大。

4. 基礎產業投資不足，支柱產業資金配套能力差

所謂基礎產業主要是指煤炭、石油、電力等能源工業和鋼鐵、有色金屬、石油化工等原材料工業等。目前，交通、通信、能源和原材料等基礎產業與基礎設施的發展迅速，但其供應仍然不足，成為經濟發展的「瓶頸」。中國基礎產業的發展仍然滯後於整個國民經濟發展的需要，因此，調整優化產業結構離不開拓寬基礎產業的融資渠道。目前中國基礎產業投資不足，投資活動市場化、國際化水平低，很多基礎產業成為制約其他產業發展的「瓶頸」產業。另外，中國支柱產業的資本累積與資金配套能力還比較低。由於中國國情所限，直接投資在產業來源中的比重不可能提高得很快，間接投資仍然是支柱產業的主要來源。但是，中國間接投資的渠道狹窄，商業銀行對支柱產業投資貸款的規模小，支柱產業發展資金還比較緊張。

總之，從信貸、投資和資本市場這些方面可以看出，中國產業結構調整中金融支持沒有很好地調整資金在各個產業之間的流向，沒有發揮其在產業結構調整中應有的作用。

三、產業結構調整中金融支持不力的原因

金融支持通過投入各個產業中的資金量來促進產業結構的調整。資金能否在各個產業之間順暢、合理地流動，很大程度上取決於一個國家的宏觀金融政策和這個國家金融仲介的運行效率以及金融市場的運行秩序。中國金融結構、模式和體制等方面的不完善，導致了金融支持產業結構調整的作用無法充分發揮。

(一) 中國金融體制不完善導致信貸結構不合理

宏觀金融體制與產業結構調整有著密切的關係，沒有宏觀金融體制的配合，產業結構調整的目標也難以實現。中國以前計劃經濟體制下的產業結構調整政策是政府主導型的，雖然能夠很快調整到位，但行政式的資源配置往往缺乏效率約束機制和激勵機制，得到優先傾斜配置的產業部門因缺乏效率基礎，最終也失去可持續發展的動力。

當前，在向市場經濟經濟轉軌的進程中，完全由政府主導配置資源的模式已經失去了基礎，今後的產業結構調整需要更多地發揮市場機制的作用。國有銀行商業化改革是促進金融支持產業結構調整的關鍵所在。中國國有銀行改革的不徹底，導致信貸對產業結構調整作用沒有有效發揮。

1. 銀行不良資產居高不下，產業發展資金不足

所謂銀行不良資產，簡單地說就是銀行信貸資產不能得到保全或銀行的逾期債權的增加。國家行政力量對金融體制性和政策性因素的干預迫使銀行追加對國有企業的貸款，這些企業卻由於效益低下或經營不善而對銀行的信貸資金無力或延期償付造成了銀行不良資產。目前，中國國有商業銀行貸款占全部資產的比重高達80%以上，與國外一些商業銀行40%的比例相差甚遠，不僅單一狹窄而且質量低下、結構調整困難、風險趨大，而且可以週轉的份額較小。2006年年末，中國境內商業銀行不良貸款總額爲12,549.2億元，不良貸款率爲7.1%，在華外資銀行不良資產率爲0.7%。不良資產比例過高，銀行信貸資金難以正常運轉，資金流通速度下降，直接降低了銀行的信貸效率，沒有足夠的資金去支持農業、基礎產業等需要大力發展的產業，一些具有發展潛力和前景的新興行業在銀行貸款不足的限制下，也就無法及時發展。

2. 銀行風險控制能力上的缺陷限制了新興產業的發展

由於中國長期實行計劃經濟體制的影響，經濟結構不盡合理、社會信用環境不夠完善、金融監管體制的缺陷、商業銀行自身的內控機制欠缺和風險管理能力不足，加上監管機關缺乏獨立性，受制於政府部門的指揮和管理，不能充分發揮監管職能，致使商業銀行發展模式單一，造成銀行風險控制能力差。國有商業銀行經營理念、意識還不能完全適應市場經濟的發展要求。金融機構內部控制不嚴，風險管理薄弱，缺乏自我約束機制，監管手段單一；一些低效、無效的重複建設依靠銀行貸款，建設項目效益低下，投資回收期長，建設單位難以償還貸款，造成一些新興產業缺乏有力的信貸支持，各個行業中的中小企業也缺乏相應的資金來源。

3. 商業銀行在農村發展緩慢，農業發展缺乏資金

中國農村金融市場是壟斷性質的，國家不允許農村金融市場存在其他形式的產權主體，農村金融市場供給的單一性必然導致農業信貸的增長緩慢。經過幾次改革後，農村信用社成了中國農村金融市場的主力軍，但是，缺乏競爭的農村信用社無論怎麼改革都很難產生足夠的動力去滿足農戶資金的需求；另外，農村資金需求的特點決定了既有的商業性金融機構在農村不具備發展優勢，信貸的小規模和高昂的交易成本使得這些金融機構只能逐步撤離農村金融市場。

4. 貸款集中度高，造成重複建設和產能過剩

2006年上半年，銀監會強調，當前銀行業金融機構要關注三大風險，其

中之一是要關注產能過剩和產業結構調整影響銀行業信用風險。① 從銀行業整體來看，貸款集中度較高，是一個突出的問題。2002 年中國銀行業貸款業務的市場集中度為 72.6% 的資產業務的市場集中度為 73.3%，而 2002 年按資產計算的美國銀行業的市場集中度為 30%，德國銀行業的市場集中度為 16%。② 這種高度集中的貸款結構不但不利於化解銀行自身的系統性風險，還會對產業結構調整產生一定的阻礙。從貸款投向的行業來看，不合理的結構性特徵依然延續，造成近幾年的新增貸款仍然主要流向投資過熱的行業。

(二) 金融模式僵化造成資本市場不發達

世界各國根據各個金融系統內不同金融主體所起作用的不同，把金融模式劃分為銀行主導型和市場主導型兩種類型。銀行主導型金融是指銀行在動員儲蓄、配置資本，監督公司管理者的投資決策以及在提供風險管理手段上扮演著主要的角色。在銀行主導型的金融體系中，銀行是微觀主體融資的主要渠道，在金融體系中發揮著至關重要的作用。市場主導型金融模式在把社會儲蓄投向企業，行使公司控制以及減輕風險的管理上，證券市場與銀行同等重要。

目前中國的金融模式是銀行主導型金融模式。2005 年，銀行業金融資產占全部金融機構資產總額的 95%。銀行業一直是中國金融體系的主體，對促進金融市場和國民經濟發展起著十分重要的作用。特別是為成熟的傳統產業的發展提供了強大的資金支持，使許多企業形成規模經濟效應和範圍效應。但是，中國金融體系的效率低，金融市場不發達，金融創新產品少，直接影響了一些產業的發展和中小企業的生存。

1. 新興產業發展比較困難

長期以來，政府對於國有企業發展的支持，在銀行系統內形成國有企業和大型企業貸款優先的模式。而中國大部分從事新興產業的企業剛好分佈在國有企業和大型企業之外。由於銀行貸款原則的限制和中國銀行業本身的效率較低，獲取全面信息的速度慢，對於風險、收益預期不準確，許多新興產業尤其是一些風險極大的產業無法獲得銀行的貸款。在信息不透明、預期不準確的情況下，盲目地投資新的項目和風險比較大的項目會導致風險在銀行系統內部無法分散出去，產生金融風險和金融系統的不穩定。因此，銀行在風險投資和新興產業投資方面保持著謹慎的態度。這種謹慎的態度直接造成中國新興產業尤其是高風險的產業資金短缺，無法獲得長遠發展。

---

① 陸彥. 產能過剩背景下對控制銀行信貸風險的思考 [J]. 青海金融, 2006 (11): 20.
② 張玉喜. 產業政策的金融支持體系研究 [J]. 學術交流, 2005 (2): 99.

2. 傳統產業科技創新缺乏必要的資金來源

中國現代工業社會開始從資本密集型轉向科技主導型，產業的生命週期縮短。在技術的推動和競爭的壓力下，新技術轉化爲新型產業的時間縮短，越來越多的資源和財富要求金融化、證券化，而中國一些傳統產業技術創新能力差，技術改造不足，不能長遠發展。這從客觀上要求金融系統效率的提高和資本市場提供風險分散，中國低效率的金融系統和不發達的資本市場已經無法滿足傳統產業發展的要求。

3. 產業發展的直接融資不發達

中國產業發展的資金大部分來源於以銀行爲主要金融機構的間接融資，資本市場的融資沒有發揮其大量直接融資的作用，整個社會的融資還主要靠銀行貸款。2005年年末中國A股總市值占GDP的比例爲18%，其中流通市值占GDP的比例爲5.6%。而美國市場股票市值是GDP的1.29倍，發展中國家的平均水平爲67.3%。同樣，美國、日本、歐盟的債券市場規模分別相當於GDP的143%、136%和82%，全球平均水平爲95%，而中國只占到29%。另外，由於資本市場規避風險的金融衍生品市場還沒有建立，市場化的資金和資產定價機制尚未完全形成，現階段利率不能真實反應資金成本，造成資源無法得到優化配置，一些資金投入需要量大、但產能過剩的行業不能被市場及時淘汰，經濟增長的不平衡進一步加劇。

4. 金融系統效率低下，中小企業融資困難

由於中國金融模式市場化水平低，商業銀行改革不到位，銀行持有高額企業不良債權，整體效率低。占金融體系絕對壟斷地位的國有商業銀行被國家定位於爲大中型企業服務。而銀行業特別是大銀行在中國金融業中占絕對主導地位，還不能滿足中小企業特別是具有自主創新能力的小企業的融資需要。根據國家經貿委統計，80%的中小企業存在貸款難、融資難的問題。[①] 而中國中小企業占中國企業的99%，中小企業發展困難，產業成長又談何容易。

（三）金融結構不合理致使投資導向不合理

中國產業經濟發展中出現了各種不同經濟類型、不同規模的企業，它們對資金和金融服務的需求，無論在種類、規模還是在風險程度上，都有層次性的區別。相對而言，新興產業比傳統產業發展更需要多種金融工具的支持，高科技產業比其他產業更需要風險投資上的保障，而中國單一、畸形的金融結構還不能滿足產業多層次發展的需要。

---

① 袁欣. 資本市場的制度與績效 [J]. 廣東金融學院學報，2006（1）：34-38.

1. 金融工具結構單一，產業結構調整的結構性矛盾突出

金融工具結構表現爲以銀行存款爲主的較爲單一的金融結構。基於這種金融結構的資金形成和導向機制，導致在產業經濟領域存在以下結構性矛盾：一是在橫向上，傳統產業相對於高科技產業獲取的金融資源過多，國有經濟部門相對於非國有經濟部門佔有的貨幣量過大。這是由資本市場發展緩慢、金融工具結構單一造成的，不利於產業技術創新的發展，也不利於產業結構的升級、優化。二是在縱向上，儲蓄轉化爲投資的渠道不暢，致使宏觀層面貨幣資源過剩，產業結構調整資金運行不暢。

2. 金融結構與產業結構調整不同步

中國經濟發展的程度已經遠遠超過金融的發展水平。目前中國經濟結構尤其是產業結構不斷調整優化，而金融結構卻沒有發展到中國經濟結構發展水平所要求的程度。金融結構比較落後，還遠遠不能滿足經濟發展的需要。隨著改革開放的推進，整個經濟發展從產業層面上來說，產業結構應由第一、二產業佔國民經濟較大比重逐漸向第三產業佔較大比重的方向發展，儘管金融滲透經濟生活的各個層面，但金融結構沒有與產業結構調整的方向同步發展。在農業支持上信貸沒有發揮應有的作用，商業銀行由於以前的粗放經營形成過量不良資產，形成了「惜貸」的現狀；在高科技領域，資本市場也沒有表現出充分的活力，證券業對產業結構調整還沒有產生直接的支持作用，債券和股票市場准入標準高，股票二板市場還沒有完全開通，中小企業進入主板市場無望、進入二板市場無門；金融租賃對產業結構的支持基本上還是空白。金融結構根本不能滿足經濟發展和產業結構調整大環境的要求，必然影響經濟發展。

3. 金融產業結構不合理，產業發展的資金來源渠道單一

金融產業結構中非銀行性金融機構發展不足，證券業、保險業、信託業、租賃業等非銀行金融機構在金融產業中所占的比重較小，不能滿足產業結構調整中多樣化的金融需求。2004 年，在全部資金運用中，銀行貸款爲 178,197.8 億元，而有價證券及其他投資僅爲 11,933.1 億元，僅占銀行貸款的 6.7%。企業債券和股票發行額占比太小。在國內有價證券發行額中，國債和政策性金融債券發行額分別爲 6,923.9 億元和 4,148 億元，僅占總發行額的 0.7%；企業債發行額爲 327 億元，僅占總發行額的 2.9%；股票發行額爲 54.9 億元，僅占總發行額的 0.4%。各個產業資金的主要來源渠道依然是銀行貸款，像股票、債券等其他形式的資金來源很少。

4. 金融資產結構不合理，制約產業結構調整

從總體上來說，一是金融資產品種結構單一。2004 年中國貨幣類金融資

產占金融資產總額的比例爲80%，而非貨幣金融資產占金融資產總額的比例爲20%。二是貨幣市場工具與資本市場工具結構不合理，貨幣市場工具相對短缺。特別是商業票據和短期債券的發行量很小，難以滿足企業日常的短期融資需求。三是股票結構不合理，特別是流通股與非流通股比例嚴重失衡。在目前的股票市場上能夠上市流通的股票占比較小。四是債券結構不合理。一方面是種類結構很不合理：突出表現爲國債占比過高，政策性金融債券占比也過高，由於政策性金融債券具有準國債的性質，二者合計占到90%以上，2005年企業債發行規模僅占債券發行總量的12.6%[1]，企業債券市場發展滯後已經成爲中國債券市場發展中最突出的問題。另一方面是債券市場期限結構不合理：由於國債、金融債占債券市場的絕大比重，因此國債、金融債的期限結構不合理直接導致中國債券市場期限結構不合理。在中國國債市場中，中期國債數量占優勢。2003年，中期國債占總發行額的66.7%，短期金融債和長期國債分別占總發行額的9.4%和23.9%。短期債券和長期債券的比重較小，限制了中國中央銀行公開市場業務操作的空間，制約了產業結構調整的實施效果。

第三節　構建適合中國國情的金融模式的探討

一、必然性

順應國際經濟發展的客觀要求，立足於本國實際，積極地創建適合中國國情的金融模式，這是中國金融業內在的和外在的各種因素共同作用的必然結果。中國的金融模式只有立足於本國國情，遵循國際金融發展的一般規律，在認真研究、學習和借鑑他國成功的金融發展經驗的基礎上，開拓創新，與時俱進，走創建中國金融模式之路，才能真正爲中國經濟騰飛提供強有力的保障和堅實的支撐。

（一）中國特殊國情的必然要求

中國特色的社會主義、特殊的轉型經濟發展狀況、複雜的經濟結構、有限的資源供給、社會經濟文化的發展不平衡等，都使中國金融業處在一個不同於世界其他國家的發展環境之中。在對外開放使市場不確定因素進一步增加的客

---

[1] 周浩明，郭生湧. 發達國家與發展中國家金融體制差異及成因探析[J]. 武漢理工大學學報，2005（12）：808-811.

觀條件下，中國金融業的發展既面臨著空前的機遇也積聚著極大的金融風險。因此，必須結合中國現實的經濟條件，設計可持續發展的金融模式，縮短金融體系的自然演進過程，創建中國金融發展的新模式。

從經濟基礎看，中國的金融模式必須建立在以公有制爲主體、多種所有制經濟共同發展的經濟制度基礎之上。由於中國仍處於社會主義初級階段，生產力發展仍面臨諸多體制性障礙，使金融業在資金使用和優化配置上遇到的困難之大、矛盾之多、問題之複雜，既不易認識也不易解決。正如麥金農提到的：「中國在它所承擔的金融自由化總量上受到了自身的限制。」因此，中國金融模式的建立必須以現實的生產力條件爲前提和基礎，而不能超越這個條件。從政治制度看，中國的金融模式必須建立在兼顧公平與效率的社會主義民主政治制度基礎之上。中國的金融業既要爲發達地區、優勢產業和通過辛勤勞動與合法經營先富起來的人們提供資金，又要高度重視和關心欠發達地區以及比較困難的行業與群眾的資金需求，從資金融通上積極幫助他們解決就業和改善生活條件問題，這是發達資本主義國家金融市場不必承擔的功能。承認現有金融市場中非經濟因素的影響，就需要對國家的宏觀政策目標進行全面分析，立足於中國國情，研究具有中國特色的金融模式。①

（二）中國金融發展特殊歷程的內在要求

從歷史上看，中國的現代金融從清末的戶部銀行算起也只有100多年的歷史。而中國現有的金融體系從1984年商業銀行的重建與改革算起，僅有短短20多年的時間。目前在中國占據主導地位的四大國有商業銀行是由計劃經濟體制向市場經濟體制轉變過程中改革的結果，其資產結構的國有性無論以何種企業組織形式表現，都是在過渡階段中不會改變的。這就決定了四大國有商業銀行擔負的社會融資任務不同於發達國家的金融機構。在已有的股份制銀行中，目前較有影響力的民生銀行、光大銀行等，也都保留著較大的公有制痕跡。到目前爲止，我們還沒有找出符合在完善社會主義市場經濟階段的中國特色金融模式，也沒有建立起獨立支撐中國特色金融模式發展的理論體系。如果在一個有13億人口、經濟發展快速的大國進行金融改革，卻沒有自己的系統性、科學性的理論支撐，將很難獲得持久的發展。

（三）中國對世界進一步開放的必然結果

對中國金融模式問題的提出與探討，並不等於要求中國的金融研究和實踐完全從頭起步，走狹隘的、片面的、本土金融道路。在經濟全球化的時代背景

---

① 黃燕. 現階段的中國金融模式芻議 [J]. 信陽師範學院學報，2004，2（3）.

下，中國金融模式的建立必須面向世界，遵循國際金融發展的普遍規律，遵循市場經濟條件下的資金運動規律。

實踐證明，金融改革走向成功的國家，在其發展初期雖然借鑑、學習和引進了他國的經驗，但成功的路徑則是學習後的主動創新，是從本國實際需要出發，通過將先進的他國經驗與本國金融實際有機結合起來的探索，才能實現國內金融與國際金融、區域金融與全球金融的融合。

以典型的美國金融模式的發展為例。其金融發展的初期，主要是向英國、德國直接學習，但時至今日，美國憑藉風險投資基金、納斯達克市場等金融創新，建立了與英國、德國完全不同的金融體系，並且引領著世界金融發展的潮流。反觀拉丁美洲各國，其陷入金融危機的困境，大多是由於不顧本國的客觀實際，盲目開放金融市場，脫離了本國政治、經濟、文化的社會環境，導致金融矛盾加劇，誘發了金融危機。事實上，至今也未能有證據證明，某國金融模式在任何國情下都是最佳模式。而各國之所以選擇這樣或那樣的金融模式，是因為各國的金融發展自身變量不同、變化的時機與條件不同。世界上不存在也不會有一個完全相同、各國一致的金融模式。在中國進一步對外開放金融市場的趨勢下，面對日新月異的國際金融環境，更加不確定的金融風險，研究與探索中國自己特色的金融模式就顯得更加迫切與必要。

二、應注意的幾個問題

中國金融模式的構建，不是一朝一夕就能完成的。它需要金融實踐者、研究者和決策者通力合作，共同制定系統、科學、規範的對策，需要實踐的總結和驗證，也需要金融人才的艱苦探索。但是，實踐的證偽與檢驗需要較高的試錯成本，也需要較長的時間週期。為了減少金融改革失誤、降低改革成本，以盡量少的改革風險取得盡可能好的改革效益，在金融模式創建過程中，必須找準定位，把握好內涵，做好信用制度建設工作，從立法上保障金融模式的正確發展方向。

（一）定位

由於中國金融發展起點低、基礎差，完全採用歐美金融混業模式的條件還不成熟。根據現有的條件和世界金融業發展的趨勢，中國的金融模式應該定位於「開放—競爭—穩定」這樣一個框架之下。「開放」主要體現在對內和對外兩個方面：對內開放包括允許多種所有制成分並存的資產開放、允許金融混業經營和允許所有符合條件的投資主體進入金融產業的業務開放、准入開放；對

外開放是指本國銀行走出去，把外資銀行請進來。「競爭」是指把金融業當做競爭性產業，按市場原則引入競爭，鼓勵創新，在公平的市場競爭條件下，實現優勝劣汰。「穩定」是針對金融業所具有的「公共性、外部性、風險性」特徵而言的，即要加強金融監管，建立金融風險預警機制，維護金融和社會穩定。

中國金融模式的定位必須符合下列要求：首先要符合中國生產力的發展現狀。中國的生產力發展仍然處在社會主義初級階段，與之相適應的金融模式只能是社會主義初級階段的金融，即這一階段的金融既要兼顧社會主義價值觀，又必須遵守資金自身發展的效率優先特點。其次要符合國際金融普遍規則要求，正確處理資金在一定時期的相對穩定性與特殊時期的變動性的結合問題。

（二）體系構建

到目前為止，中國已經形成了以中國人民銀行為核心，四大國有商業銀行為主體，股份制商業銀行、政策性銀行、區域性銀行、外資銀行及非銀行機構並存的金融體系。但是，中國仍未能實現主體多元、層次分明的金融體系結構。要構建更完善的中國金融體系，必須允許多種投資主體的介入，放鬆金融機構設置的管理條件和市場准入條件，吸引國內機構、國外機構的投資。對國內的四大國有商業銀行，除了抓緊消除不良資產、加快上市步伐的改革以外，還應按照現代企業制度的要求去改革，用國家控股的方式保持國家對銀行控制力的同時，吸收其他資本的介入，逐漸實現主體多元化，為經濟建設服務。

根據中國金融體系的功能，可以構想以下金融層次：

（1）清算和支付層次。該層次主要提供現金結算，並發展取代現金的支票、信用卡等電子貨幣的功能。目前該業務還主要局限在商業銀行範圍內。

（2）儲備和聚集金融資源層次。該層次的機構可以通過各種機制，將社會閒散資金匯聚成大規模資金，滿足企業的要求；同時還可以考慮金融混業後在證券市場上分享投資收益。

（3）提供信息層次。該層次的金融機構通過提供各類金融信息，幫助協調市場中不同的「經濟人」之間的非集中化決策。它包括各類仲介組織、服務公司、經紀公司等按市場方式運作的機構。

（三）信用制度

健全、完善的信用制度能為金融市場的發展提供較高的經濟效率，節省信息收集、資源配置等方面的成本。信用制度的建立包括硬制度和軟約束兩個方面。

硬制度通過建立企業、個人的信用檔案，發展信用仲介，完善風險信用預

警機制等措施建立，其中既需要成本的投入又涉及誠信的主體利益和現實條件能否允許等問題，是一項複雜而又系統的工作。在中國現有條件下，可以考慮借助各級政府的力量，先通過利用各地工商、稅務等管理機構的協調、推動作用，然後再逐漸交還給市場去運作。

軟約束則需要對中國的國情、社會大眾的道德教育、傳統文化的金融理念等進行系統研究，特別是對千百年來中華優秀文化中的誠信品德要加大研究與運用，培養社會公眾的國家觀、民族觀、集體觀和誠信觀，避免市場經濟中的「尋租」行為對信用的侵蝕，為中國金融模式的形成提供堅實的基礎。

（四）立法考慮

各國金融的立法必須充分考慮國際通用的金融法規、規則，在《巴塞爾協議》等規則的基本要求下構建自己的金融法規體系。但這並不意味著各個國家可以不基於國情的實際就被動地開放資本市場，也不意味著一國的法規可以跨越不同的生產力條件就照搬照抄發達國家的金融立法。因此，中國在金融立法過程中，必須處理好國際普遍金融規則與中國特殊國情的關係，及時研究並制定不同階段金融環境變化後的法律規則，構建真正適合中國國情與國際金融要求的金融法規體系，使法律法規具有規範性、科學性和實用性。

三、應處理好的幾個關係

研究中國金融模式必須從兩個方面入手：一是從理論的內在矛盾入手。現存的不同金融學派和不同觀點的矛盾與衝突，主要表現在「改革派」與「保守派」「海歸派」與「本土派」之爭。爭論的焦點是能否「西化」中國金融發展模式，在「西化」方面也存在著歐洲模式與美國模式之分歧。總的來看，以一部分「海歸派」為代表的理論，雖然也承認中國金融發展的特殊性，但是仍然竭力主張建立以歐美為樣板的金融模式；以本土成長的一部分資深學者正相反，他們也承認借鑑外國經驗，但更強調中國民族特點和國情。金融研究中的各種爭論，正是我們研究中國金融模式的理論源泉。二是從理論與現實的矛盾和衝突入手。改革開放後，通過派學者去發達國家學習、考察、研究，請國際知名專家到中國「會診」金融問題，高薪聘用留學歸來者或海外專家制定金融法規政策等形式，在中國金融模式發展上取得了長足的進步。但由於中國金融資源配置與經濟發展之間的問題與矛盾突出，金融理論與實踐相差甚遠，中央銀行的貨幣政策、許多金融法規條文在執行過程中還有很大的障礙。這與中國的金融實踐有限、市場機制的過渡性特徵有關。為此，中國金融模式

研究要從簡單到複雜，由表及裡，將各種分散的金融子市場進行歸類，建立起全國的金融系統工程，將分析納入理性的範圍，並要處理好以下幾個關係：

（一）對內開放與對外開放

在漸進式對外開放方面，中國修改、清理或廢除了許多與國際金融市場不相適應的條款及規章制度，對人民幣實行以市場爲基礎的、單一的、有管理的浮動匯率制度。這些都清楚地表明，中國正在嘗試走一條既對內開放又對外開放、穩健的金融改革之路。因此，在對內開放的改革中，首先要用市場的力量推動國有銀行消除不良資產，加快其股份制改造和上市的步伐，以迎接更大的市場挑戰。其次要加大吸收民間資本和對現有的中小銀行進行改造的力度，特別應該將重點放在現有的中小銀行如何吸收民間資本上。當然考慮到中國的信用現狀，對中小銀行或民間銀行的風險問題應引起高度重視，其關鍵是如何制定有效的監管政策，並保持監管的穩定性。最後政府要轉變經濟管理職能，加大對市場仲介組織的扶持，建立公平的競爭秩序。

（二）本國實踐與經驗借鑑

發達的市場經濟國家已經有了較爲完善的金融理論和實踐經驗，不論是古典的金融理論還是現代的金融理論，都應該成爲我們學習、研究、發展金融業的寶貴財富。但是，對中國金融模式的研究，不僅要立足於金融實踐的中國化、金融思維的地域化、金融行動的本土化，而且要注重金融發展方向的國際化；既要尊重金融全球化的通用金融規則，更要從鮮活的社會實踐中及時發掘與創新金融規則。

（三）現實條件與未來發展

從現實出發，尊重現階段經濟轉軌時期的歷史形成的產權關係，重視中國經濟發展中金融資源配置事實上的不平等，就必須在金融政策上進行專門的研究，發展符合國際資本運動共同規律的金融環境。承認中國金融模式的特殊性是以尊重資金運動的一般規律爲標準的，這就需要構建有利於中國金融發展的符合國際資金運動規律的金融環境；尊重歷史產權關係，承認中國金融改革的路徑依賴問題，順應客觀環境制定政策；重視現實問題，具體問題具體分析；發展金融環境，爲中國金融模式的形成提供可持續發展的潛力。總之，中國金融模式的建立既要著眼於現實可操作性，又要立足於未來可持續發展。

（四）金融模式探索與金融監管

金融研究者要爲中國金融模式的發展提供重要理論支撐和依據，及時總結中國市場經濟改革過程中湧現的新的金融實踐與成果，加強對金融前沿問題的研究。金融實踐要爲中國金融模式發展提供有利於提高自身競爭力的創新素

材，適應市場經濟改革進一步深化的發展需要，利用金融研究成果，大膽進行金融實踐。金融監管要保證中國金融模式科學、規範的發展方向，提供更多的信息溝通渠道，公布國際金融的研究信息資源，加大金融政策的透明度。總之，中國金融業在經歷了數十年的改革之後，到了認真研究可持續發展的金融模式的時候了。

四、中長期經濟發展中的金融模式

爲適應中國經濟快速、持續、健康發展的要求，中國的金融模式可以包括以下幾個方面的內容：

（1）供給引導型的金融發展模式。中國正處於經濟高速增長時期，地區發展極不平衡。同時還面臨著經濟和金融體制的轉軌。就中國金融和經濟增長、產業結構間的關係而言，應該採取供給引導型的金融發展模式。金融先行可爲中國長期、持續的發展創造有利的體制環境。

（2）以銀行主導型爲主、資本市場主導型爲輔的融資機制。目前，以國有銀行爲主的間接金融仍然在中國金融活動中占據主導地位，其貸款不僅重視收益性或成長性的商業性金融的作用，而且也間接地發揮了重視公共性金融的作用。與此同時，利用外資的投向也顯現出與銀行貸款相類似的結構。

在中國現有的金融體系中，四大國有商業銀行不論是從資產總量、業務範圍，還是從總體實力、市場佔有率上，都處於明顯的主導地位，所以中國的金融系統有較爲明顯的銀行主導型特徵。基於中國金融體系的現狀，爲保持金融體系的穩定性，在相當長的時期內，中國企業的融資還應該採取以銀行爲主導的模式，堅持市場結構取向的銀行改革和銀行治理結構改革相結合，以使中國的銀行業在21世紀具有更強的競爭力，並在經濟發展中發揮更大的作用。當然，資本市場與金融仲介的發展也應給予足夠的重視，以確保整個金融體系的協調和穩定。

（3）以市場配置爲主、政府調控爲輔的金融資源配置體制。選擇政府調控爲輔的金融資源配置體制具有內在的必然性。一是如果依靠政府主導的擴展性投資刺激經濟增長，可能會使本已十分短缺的金融資源過度流向政策傾斜或導向的部門，其他一些部門的投資被過分壓縮，產業間的內在關聯和均衡難免被破壞。二是如果金融資源的配置以政府調控爲主，金融機構除了直接調配轉移資金外，往往既不能提供自動的資金流動機制及對債務期限、規模和風險等進行轉換與重組的機制，對較爲複雜的長期或中期投資項目進行評估篩選的能

力和技術也有待進一步提高，因而甚至不能控制或防範由其自身活動產生的風險。三是在以政府調控爲主的金融模式下，金融機構多爲政府機構部門的延伸，一般也談不上承擔任何的經濟風險責任，故其投資擴張很難取得良好的收益，有時甚至背離經濟發展的方向，產生負面影響。

綜上所述，中國中長期經濟發展中的金融模式應是金融供給先行、以銀行爲金融體系主體、市場力量配置金融資源爲主的金融模式。

第四節　中國金融支持產業結構優化效果的實證分析

一、中國金融發展對產業結構優化的積極作用

（一）金融仲介機構促進了產業的發展

新中國成立初期，以城市爲中心的現代產業要發展和中國的傳統農業要向現代化經濟轉化，實現這兩種發展都需要難以估量的巨額資金，這不可能全靠經濟主體自身的累積，國家財政力量也是有限，唯有更多地依靠銀行。國家借助銀行體系，集中調度和運用資金，實現了國家的總體產業發展戰略。

國有企業擁有相對穩定的主要投資者是銀行和其他關係企業。在這種集中而穩定的股權結構下，企業和銀行之間爲了共同的利益而建立起相互監督、合作的關係。銀行爲企業提供債務和股權資本，並在企業財務陷於困境時給予支持，使企業免遭破產、兼併，爲產業的發展和壯大提供了重要的制度保障。

國有銀行吸收的大量以城鄉居民儲蓄存款形式聚集的「金融剩餘」間接地爲政府所掌握，成爲政府對國有企業進行金融支持的有利條件，出於社會效益的考慮，這部分資源主要爲體制內經濟服務。這種金融支持雖然與市場經濟的本質相悖，但在經濟轉軌時期卻成爲經濟發展和社會穩定的有力保證。

改革開放以來，中國金融機構數量不斷增加、多樣化程度不斷提高，金融工具的種類不斷豐富，儲蓄轉化爲投資的比例提高。這樣，一方面爲具有不同偏好的儲蓄者提供了更加廣泛的資產選擇範圍；另一方面爲不同類型的投資者提供了多渠道的資金來源。

（二）資本市場推動了產業結構的優化

增量調整主要是通過在資本市場發行股票、債券籌集資金，增加對薄弱行業的投入來實現的。目前，中國包括股票、國債、企業債券等有價證券餘額占GDP的比例約爲35%。由於中國的企業債券發行主要是國家開發銀行等金融

債券、國家基本建設債券和重點企業債券。企業通過股市籌資，有力地改善了上市企業的資產負債結構，爲企業輕裝上陣參與市場競爭提供了良好的財務基礎。此外，企業發行股票上市，有利於企業轉換經營機構，逐步成爲自主經營、自負盈虧、自我發展、自我約束的市場競爭主體，初步形成產業結構調整的微觀基礎。增量調整的效果是在 1997 年頒布《關於股票發行工作若干問題的規定》以後才較爲明顯地顯示出來的 。上市的一大批符合產業政策、規模大、前景好、對國民經濟發展有較大穩定和促進作用的企業，其結構大大改善了原有上市結構中非生產性企業過多的狀況，基礎產業和高新技術產業得到有力支持，爲產業結構調整發揮了積極作用。

在資本市場中，存量調整主要是指通過證券市場進行股權收購或通過產權交易市場來實現產權的轉移，從而達到存量資產流動和重組的目的。20 世紀 90 年代以後，中國資本市場的快速發展爲存量資本優化組合提供了契機，兼併、收購行爲的進行對產業結構調整發揮了積極作用。以上市公司爲核心的一系列重組行爲，使低效資產剝離、優良資產得以集中和壯大，實現不同的經濟主體跨行業、跨地區的優勢互補，實現了存量資產重新有效配置，爲產業結構的優化發揮了積極作用。

（三） 風險投資支持了高新技術產業發展

高新技術產業是未來的支柱產業，是未來國際競爭的主要決定力量。高新技術產業屬於高投資風險的產業，對於資金需求量大，要求金融體系提供規模足夠大、效率足夠高的金融支持，否則，就不可能有高新技術產業的快速、健康的發展和產業結構的優化升級。金融仲介機構打破了傳統的信貸範圍，開闢了科技開發貸款這個新的貸款領域，對加速中國經濟結構、產業結構、產品結構的調整和擴大就業，發揮了較大的推動作用。

高新技術產業化，需要高額的資金支持，通常採用利用股票市場融資和利用風險投資基金融資。高技術產業化吸納了風險資本以後，通過資本市場的退出渠道，形成大量的增值資本。增值資本作爲下一輪高技術產業化的風險資本，達到資本供給的良性循環。

二、中國金融發展對產業結構優化支持不利的分析

中國產業結構調整的低效遲滯，很大程度上歸因於調整機制的失效，而這又最終歸結爲中國經濟的全面轉軌，計劃體制已被拋棄，而市場機制尚未確定健全，經常受到傳統計劃體制遺留影響的種種抑制和扭曲，從而不能有效地發

揮資源配置和結構調整的作用。市場機制是以價值規律作爲資源配置的基礎的，物隨錢走。資金結構從根本上決定了產業結構，因此資金運動及其相關聯的金融體制是市場經濟條件下資源配置和結構調整的核心問題。

下面從金融的資金的形成機制、資金的導向機制、產融結合機制和產業技術進步等方面，剖析和評價近年來中國金融體制在產業結構調整中的不足。

(一) 資金的形成機制

資金是一種預付的價值形式，具有價值增值的功能。一般而言，資金的形成包含兩層含義：一是儲蓄的形成，這是資金形成的必要前提；二是儲蓄向投資的轉化，這是資金形成的關鍵。爲此，金融體制應該努力提供形式多樣的、具有吸引力的儲蓄手段，並創造實現儲蓄向投資轉化的多種有效的渠道。

近年來，中國宏觀資金供給出現了「儲蓄膨脹」。中國人民銀行公布的數據顯示：2001年10月末，全部金融機構各項貸款餘額爲10.9萬億元，按可比口徑計算增長了11.4%。同期，全部金融機構各項存款餘額爲14萬億元，增長16.8%。貸款增加慢，存款增加快，存進來的比貸出去的多3.1萬億元，也就是說，銀行從儲戶那裡吸收的存款有3.1萬億元沒有貸出去。在這種情況下，如何有效地配置居民部門儲蓄構成，並有效地把這些儲蓄「導入」到生產領域，對於改變中國目前經濟的不利局面，優化中國的產業結構非常關鍵。爲了放鬆銀根、促進投資、拉動消費，1996年以來，中國人民銀行八次降息，其降息頻率之高、力度之大是前所未有的，然而實際效果與預期目標相去甚遠，居民儲蓄不降反升。中國的這種巨額儲蓄無法轉化爲投資的癥結在哪裡？

中國儲蓄轉化投資遲緩、效率低下的癥結在於：首先是轉化渠道的單一性。歷年《中國統計年鑒》的數據表明：作爲儲蓄主體的居民部門資金運用（債權）結構簡單，60%以上的個別年份接近90%是銀行存款；而證券投資1992—1997年平均低於12.6%，保險保證金僅爲1.3%左右。作爲與居民部門相對應的這種單一融資結構的企業部門，其資金來源總額中70%~80%爲銀行存款，而以證券方式籌措的資金在大多數年份不到4%。這就說明中國現階段居民儲蓄轉化爲投資主要依託銀行的仲介作用以間接的方式實現，顯示了銀行在這方面舉足輕重的地位。由於1997年以來受亞洲金融危機的影響，中國現有金融機構在機制轉換不到位、體制改革滯後的情況下，進行了大力整頓，強化了金融監管、風險責任，致使銀行的信貸日益緊縮。尤其是中國金融體系中處於支配地位的國有商業銀行本身行爲的非企業化和非自主化，長期因其債權債務關係的軟約束化，使銀行的不良資產奇高。在強調風險防範的情況下，只能不加區別地對企業的貸款要求一概回絕，一味通過惜貸、慎貸消極地迴避風

險，導致該發放的貸款卻可能因此未貸出去。其次，是中國經濟結構的快速變化，使中國經濟、金融形成了新的二元結構。經濟結構由國有和非國有兩大塊組成。其中國有經濟在產值中只占 1/3 的比重，2/3 的產值和資金需求由非國有經濟產生。金融結構由計劃性的正規金融和市場型的非正規金融體系構成，正規金融體系支配了絕大部分信貸資金供給，並以國有企業為主要服務對象；非正規金融體系主要服務非國有經濟，但這部分在整個金融體系中的比例尚小且不斷地受到政府方面的干預與限制。這種經濟結構和金融結構的不對稱，導致了整個社會資金供給與需求的不對稱，從而阻礙了資金的形成和投資的增長，延緩了結構調整和資源優化配置的進程。

同時，儘管中國資本市場在 20 世紀 90 年代以來迅速發展起來，其影響日益擴大、地位不斷上升，但其發展仍不成熟、不完善。首先，無論是股票還是債券，其發行的額度和標準都要經過有關部門的審批，過多的行政色彩容易導致腐敗和無效率。其次，中國上市公司的股權結構不合理是一系列問題的根源。滬、深兩市的股權結構中不可流通的國家股和法人股占 70%以上，而可流通的股份只有 30%左右，再加之相應法規不健全和監管不力，從而導致上市公司弄虛作假，仲介機構違法違規經營，二級市場上「黑莊」橫行，嚴重地打擊了投資者的信心，市場持續低迷。最後，中國的非金融機構特別是諸如住宅儲蓄機構、養老基金、社會保險基金的機構的發展長期處於被壓抑的狀態。

（二）資金的導向機制

資金的導向機制主要是基於商業性金融機構的利益競爭機制和政策性金融機構的校正與倡導機制，促進資源的優化配置和產業結構的不斷升級與協調發展。然而，目前中國的金融體制卻存在種種不利於對資金正確導向的弊端。

就銀行體制而言，首先，中國的國有商業銀行仍未成為獨立自主、自負盈虧的企業性質的商業銀行，在銀行與企業之間債券、債務約束軟化的條件下，銀行還不能完全自主地根據市場選擇貸款項目。銀行既沒有動力也沒有能力確保放款的收益，而只是消極地成為「企業—專業銀行—中央銀行」層層倒逼的資金供給制中的一個環節。其次，四大國有商業銀行在資產方面占據了國內市場 90%左右的份額，這種高度壟斷局面抑制了正常的金融競爭，進一步加深了銀行經營的低效和服務的低質量。

就資本市場而言（主要指股票市場），按照經濟學理論，其功能有三：一是通過股票發行使企業大規模融資成為可能；二是通過股票發行和交易來指導資金在產業部門間的流動；三是通過在股市上交易股票，方便產權交易和變動來調整存量資產，從而產生現代企業制度。中國發展股市的初衷更注重的是通

過股份制來實現現代企業制度,強調的是第三個功能,但事實上並沒有達到預期的目的。由於上市「名額」資源的稀缺、股權結構不合理等諸多原因造成中國股權融資的低成本(中國目前股權融資成本約為 1.18%,而同期銀行貸款的融資成本為 6.05%~6.17%,導致上市公司形成了資金「饑渴症」,資金市場的籌資功能被過分誇大和強調,而其對企業的監控機制與功能卻未得到充分重視和發展。企業信息披露失真、過多的政府行為和利率的非市場化等諸多原因決定了市場價格失真,投資者更關心短期的資本利得,從而導致市場成為賭場,市場上逐漸排斥長期投資,造成資金的嚴重浪費。另外,在發達國家資本市場佔有重要地位的機構投資者(如在美國和日本的股票市場上,機構投資者的主體地位已經占到 70%~80%)在中國的發展仍很滯後,而其更專業的長期理性投資、穩定市場,進而優化產業結構、提高資金使用效率等重要作用在中國收效甚微。

再看政策性金融體制的發展。政策性金融機構對彌補金融運行和資源配置的市場失效,實現社會發展的公平合理性和促進宏觀經濟協調發展起著重要作用,尤其是對發展中國家充分發揮後發優勢、迅速推動產業結構調整、實現經濟趕超具有關鍵意義。從 1994 年起,中國三家政策性銀行,即國家開發銀行、進出口銀行和農業發展銀行先後組建。1995 年,這三家政策性銀行共發放 600 多億元政策性貸款,有效地保證了國家重點建設和主導產業的資金需求與正常運行。然而,在隨後幾年的發展過程中逐漸暴露出了很多問題:①這三家政策性銀行的資本金未得到保證,政策性銀行可動用的資金遠低於應撥付的數量。②在資金來源和運用上,「政策性」的特點還未充分體現,有關財政政策和保證機制也未落實。目前,這三家政策性銀行的實際資金來源主要靠向商業性金融機構發行金融債券募集,商業性金融機構在政策壓力下不得不認購並為此倒貼利差。同時,政策性銀行又以低於籌資時的利率放款,即便不考慮業務費用和其他經營中的風險因素,它也將面臨難以維持長期生存發展的嚴峻問題。③政策性銀行在政策引導下自主經營的機制還未確定。有關項目調研分析、評估論證篩選以及風險管理等一系列功能還不健全,項目決策的管理體制和決策程序也未實現科學化、規範化和法律化,政策的權利和責任也極不對稱,缺乏有效的約束,因而實際上仍往往是由國家商務部等行政管理部門先確定了項目,政策性銀行只管提供資金,其中的長官意志和隨意性難以避免,因而也難以提高重點建設資金的使用效益。這種延續傳統體制下資源盲目投入或錯誤配置的弊端未能從根本上消除,也就很難談得上發揮政策性金融機構在資金配置中對民間投資的牽引導向作用。

（三）產融結合機制

產融結合是指在商品經濟基礎上從產業資本中分離出來的金融資本與產業資本出於各自的需要，通過各種金融工具彼此融合、互相滲透。這樣金融業可以掌握企業內部情況，監督企業經營，且可以為其提供高質量的服務和全方位的支持，推動企業巨型化、集團化，從而加強企業間的協作關係、提高規模經濟效益。

中國金融資本與產業資本的結合在改革開放前主要是通過財政投、融資和非市場性的銀行貸款來實現的。政府對產業結構的調整主要是採用增量調整的方法，通過行政手段配置金融資本與產業資本的結合，難以形成有效的產融結合機制。因為在這種產融結合機制中沒有建立起資本的競爭機制和增值機制。一方面，單純的政治偏好無法甄別所投入的產業有無市場潛力和投資價值；另一方面，非市場化的資產重組機制不可能實現有效率的規模經濟。

隨著中國經濟改革的深入，對企業的財政投、融資被銀行貸款所替代，資本市場也有所發展，但產融結合機制並沒有建立在市場機制的基礎上。首先，它表現在銀行仍不是獨立的市場主體，其經營行為（如貸款投放）還受制於政府的超經濟強權，因此扭曲了其與企業之間的信貸交易關係，使銀行對企業的債權約束和金融控制失去了存在與發揮作用的基礎。其次，資本市場在發展規模上和深度上極為有限，並且資本市場的運作制度同樣具有很強的行政色彩。企業併購的大規模發生需要基於一個有效、有序的股票市場，它能為進入購並交易的對象提供合理的價格估計或參照，並有嚴格的監管制度，確保交易的透明度和有關信息的真實性；同時，其高效快捷的交易制度和多種交易手段，能夠盡可能降低交易成本，但目前中國的股市還遠未發展到這個水平。最後，國家對國有銀行和國有企業的產權獨占或壟斷，阻礙了產權的流動和交易，這就不可能把市場性的治理結構引入公司治理結構中。理論和實踐都證明，政府主導金融體系會使金融資本和產業資本的結合缺乏透明度，金融資本定價遠離均衡水平，並創造尋租空間和滋生腐敗，導致產融結合的低效率。

（四）產業技術進步

隨著改革開放的推進，中國正努力實現從國家主導型的技術進步機制向企業主導型的技術進步機制轉換，這對於提高技術研究開發的效益，促進科研成果的產業化、市場化，從而加快產業的技術進步具有重要意義。然而，總體來看，這一機制轉換進行得還十分緩慢。一方面，仍然占中國經濟主體地位的國有大中型企業由於體制的原因，適應市場的能力差，效益普遍不高，以至於自我累積、自我融資開發能力低下，不能適應投入多、風險大的產業技術進步活

動。另一方面，從外部融資看，金融體制也缺乏扶持推動企業技術進步的有效機制。首先，由於中國銀行放款一般只注重短期收益，對於風險大、週期長的技術開發項目一般難以支持。即使可以提供貸款，也往往由於缺乏科學合理的調查、評估和篩選機制，不能有效地選擇比較有發展前途、預期收益較好的項目予以支持，貸款具有較大盲目性，從而不能有效推動技術進步。其次，金融與高科技的融合是通過資本市場尤其是風險資本市場完成的。風險資本市場是制度創新、金融創新和技術創新相結合的產物，堪稱 20 世紀資本市場中最重要的標志之一。從國外風險資本市場和中小型科技企業發展的歷程來看，小盤股市場和場外交易市場均在中小型科技企業融資和推動風險資本順利退出方面具有重要作用。美國的 NASDAQ 市場就是著名的場外交易市場。目前，中國滬、深股市兩個主板市場主要爲大中型國有企業提供融資支持，對中小型科技企業發展的支持力度微弱，又因中小型科技企業的小盤股市場尚在籌備過程中，場外交易也處於無序狀態，亟待進一步規範和擴大。

國家圖書館出版品預行編目(CIP)資料

產業結構優化的金融支持研究 / 郝倩 著. -- 第一版.
-- 臺北市：崧燁文化，2018.08

面； 公分

ISBN 978-957-681-440-2(平裝)

1.金融業 2.產業發展

561.7　　　　107012350

書　名：產業結構優化的金融支持研究
作　者：郝倩 著
發行人：黃振庭
出版者：崧燁文化事業有限公司
發行者：崧燁文化事業有限公司
E-mail：sonbookservice@gmail.com
粉絲頁　　　　　網　址：
地　址：台北市中正區重慶南路一段六十一號八樓815室
8F.-815, No.61, Sec. 1, Chongqing S. Rd., Zhongzheng Dist., Taipei City 100, Taiwan (R.O.C.)
電　話：(02)2370-3310　傳　真：(02) 2370-3210
總經銷：紅螞蟻圖書有限公司
地　址：台北市內湖區舊宗路二段121巷19號
電　話：02-2795-3656　傳真：02-2795-4100　網址：
印　刷：京峯彩色印刷有限公司（京峰數位）

　　本書版權為西南財經大學出版社所有授權崧博出版事業股份有限公司獨家發行電子書繁體字版。若有其他相關權利需授權請與西南財經大學出版社聯繫，經本公司授權後方得行使相關權利。

定價：300 元

發行日期：2018 年 8 月第一版

◎ 本書以POD印製發行